八招教你带团队

严亚珍——著

台海出版社

图书在版编目（CIP）数据

八招教你带团队 / 严亚珍著. –– 北京：台海出版
社, 2022.6

ISBN 978-7-5168-3279-0

Ⅰ.①八… Ⅱ.①严… Ⅲ.①企业管理－组织管理学
Ⅳ.①F272.9

中国版本图书馆CIP数据核字(2022)第061738号

八招教你带团队

著　　者：严亚珍

出 版 人：蔡　旭　　　　　　　　　　策划编辑：田鑫鑫
责任编辑：吕　莺　　　　　　　　　　封面设计：道系胖少年

出版发行：台海出版社
地　　址：北京市东城区景山东街 20 号　邮政编码：100009
电　　话：010-64041652（发行，邮购）
传　　真：010-84045799（总编室）
网　　址：www. taimeng. org. cn / thcbs / default. htm
E－m a i l：thcbs@126.com

经　　销：全国各地新华书店
印　　刷：北京金特印刷有限责任公司
本书如有破损、缺页、装订错误，请与本社联系调换

开　　本：680 毫米 ×960 毫米　　1 / 16
字　　数：197 千字　　　　　　　印　张：14.75
版　　次：2022 年 6 月第 1 版　　印　次：2022 年 6 月第 1 次印刷
书　　号：ISBN 978-7-5168-3279-0

定　　价：48.00 元

前　言

　　身为领导者，你是不是有很多管理上的问题，却无人给你解答？

　　你是否在面对难管的下属时感到力不从心？

　　你的职业生涯能不能更进一步？

　　你是否担心不能给下属正确的指导？

　　你是否渴望在你的领导下，你的团队业绩始终保持第一？如果你真心渴望，那么这本书肯定能帮到你。

　　本书全面地阐述了领导者是如何带团队的。对于领导者来说，带团队不仅仅是带人、"管人"，而且要运用现代化的管理方法，打破传统带团队的壁垒，通过不断的学习、改进，带出一个顺应时代、团结高效并且能够为公司创造出巨大价值的团队。

　　领导不是天生的，领导力是可以训练出来的。相比于天才型的领导者，绝大多数优秀的领导者都是在后天的工作中修炼出来的。比如不断地参加各种培训，阅读相关图书等。

　　《八招教你带团队》一书用理论与经典案例相结合的方法，从八个方面帮助领导者提升团队管理能力，带领团队走向成功。比如在管理中，领导者应该遵循哪些行为原则，如何解决工作中出现的问题，如何协调团队成员之间的合作等，掌握了这些，就能够进一步提升领导者的管理能力，激发团队成员的潜能，带领大家走向成功，发挥出管理的最大价值。

一个团队的成功和失败跟领导力密切相关。《八招教你带团队》就是管理者在成功和失败中不断总结出来的经验和技巧，教会你如何打造一支高绩效的团队。

心理学研究表明，即使记忆力很好的人，阅读一本书之后，对书中的内容能够再次回忆起的恐怕只有3%，可见人们对于书中的大部分信息是无法立刻吸收，并且熟练运用的。希望看到这本书的人能够将其看成是一本需要持续阅读的管理类图书，反复进行揣摩与实践，并且在实践中不断地加以印证与改善；也希望那些正处于迷茫和焦虑状态的管理者们，能够从这本书中学习到一些带团队的宝贵经验与技巧，真正地带出一支高效率的团队，从而实现自己的目标。

目 录 CONTENTS

第三招 领导——好团队需要好领导

第四招 制度——好团队的行为约束

团　结

——好团队成功的核心

"三个臭皮匠"的故事

中国有句俗语："三个臭皮匠，顶个诸葛亮。"在当今社会，这句话同样适用。随着社会的迅猛发展，各个行业的竞争也愈演愈烈，要想在激烈的竞争中生存，就不可忽视团队的力量。

某日报曾经有这样一则报道：该地区外出打工人员王青山带领几位返乡民工，在家乡创立了一个"返乡创业互助组"。在这个小组中，每个人都有自己的优势，有的人熟悉市场，有的人擅长车床技术，有的人精于拼接技术，还有的人是焊接高手。他们各司其职，相互合作、优势互补，主要承接加工防盗门窗的工作。这不仅帮助所有的小组成员解决了就业问题，而且收入较之前外出务工还有了很大的提高。

通过这次创业，他们由原来的"打工仔"，摇身一变成了"小老板"，不仅提高了自己的身价，而且也使收入提升到了原来的3倍。

这些打工者，每个人单拎出来看就是"臭皮匠"一个，虽然各有本领，但其发展是极为受限的。然而，当他们成立了"互助组后"，互相团结起来，就弥补了自身各种不足的状况，真正地实现了"1+1+1>3"的合作效应。事实上，这种合作的力量远大于单个人力量的机械相加——这就是团队协作的巨大力量。

举个非常简单的例子：火灾困住了一个盲人和一个腿脚不便的人，假如他们各自逃生，那么盲人可能找不到逃生的出口，腿脚不便的人可能跑不赢火势蔓延的速度。可是如果他们能够彼此合作，盲人背着腿脚不便的人，一个做"眼睛"，一个做"腿"，两人"组合"成一个完整的"身体"，就可以顺利地从大火中逃生了。

盲人"看不见前路"，腿脚不好的人"行走不便"，各有劣势，但如果他们选择合作，优势互补，就能够弥补各自的不足。同样的道理，一个企业如果想创造出更大的事业，必然离不开团队的精诚合作。

曾经有一段时间，我国的企业家在创业的过程中非常重视树立英雄的榜样，比如柳传志、杨元庆、郭为等，这些都是联想集团在发展过程中的"英雄"人物。可是随着企业的发展壮大，管理方面的问题也层出不穷，尤其是缺乏团队精神，这已成为阻碍企业发展的重大阻力。对此，联想集团专门请来了人力资源专家章义伍先生，希望在他的帮助下改变这种境况。

经过一段时间的观察，章义伍先生专门写了一篇文章，将联想集团的团队管理和麦当劳的团队管理进行了对比。

章义伍先生在文章中这样写道："联想和麦当劳在人力资源上有很大差异，最主要的表现就是领导团队建设、干部选拔、培训机制和人员激励四个方面。例如：我们一提到联想的总裁，几乎无人不晓，但如果有人问中国区麦当劳的总裁是谁，恐怕没有几个人知道吧；此外，联想集团对企业家和能人的贡献非常重视，但麦当劳主要强调的是管理团队；联想的'班子优秀主要体现在以高层为主的人物'，比如柳传志、杨元庆等人，而麦当劳的优秀则主要体现在中层管理团队。"

　　章先生对该问题的分析深入浅出、简明易懂，却直击要害。他告诉我们：企业发展不能只依靠几个优秀的领导和能力出众的高层人员，它的发展更需要中下层人员的团结协作，更需要的是强大的团队精神。当然，联想的管理层自然是意识到了问题的严重性，所以才会聘请章义伍先生进行团队调查。之后，联想集团就提出了"打造虎狼之师"的口号，旨在打造更为精锐的"战斗团队"。

　　不仅联想集团对团队协作能力给予了高度的重视，而且TCL总裁李东生也曾经说过："在市场竞争的大环境下，只有不断加强团队协作能力，进行资源整合，保障整体系统的有效性，才能让企业资源发挥最大的效益，才能让团队展现出最强的竞争力。"所以他在开会时多次强调："我们要想在国际竞争企业中占有一席之地，首先要做的事情，就是培养一支能力超强的企业团队，这是保证企业竞争力的关键。"

　　那么，如何才能让团队具备强大的战斗能力和团队协作精神呢？

1. 优秀的团队，最看重的是彼此间的优势互补、相互协作

　　很多企业管理者对优秀的团队的认识都是错误的。他们认为优秀团队中的每一个成员应该都是最优秀的。然而事实并非如此。优秀团队最大的特点是成员之间能够优势互补、相互协作，彼此间配合默契，并非每个人都是最优秀的。假如团队成员之间关系不和谐，不懂得互相配合，即便团队成员单拉出来个个都是精兵强将，但结果也是内部争斗严重，最终难成大器。最典型的例子就是美国国家篮球队"梦之队"带给人们的教训。

"梦之队"的球员都是从NBA球员中精挑细选出来的最优秀的球员，他们代表美国参加各种世界篮球大赛。可是"梦之队"并没有达到美国体坛所向披靡的预期。总体来说，该战队的表现很不稳定，如果某一次比赛中，球员都很在状态，比赛时能够配合良好的话，那么他们的战绩将非常突出；可大多时候，往往因某些因素的影响，表现都很糟糕。相比之下，有些国家的篮球队虽然单独的每个球员的实力并非顶尖，但组合起来却配合默契，每次都能打出漂亮的比赛，取得惊人的成绩。

由此可见，团队的整体力量并不取决于某个人，而在于各成员之间优势互补、默契协作。企业的管理也是这样，如果想打造超强的竞争团队，就必须重视起成员之间的协作能力，这样才能让团队发挥出应有的威力。

2. 团队中每个人都是最重要的，彼此间应该相互配合

通用电话的董事长查尔斯·李曾经说过："作为企业的领导者，要想实现梦想，那么构建一个能力超强的团队则是达成梦想的基石。即便是迈克尔·乔丹的'篮球神话'，也离不开队友的配合。"

这句话的意思是，作为企业的管理者，应该想办法让每个员工都融入团队，并且协调各方都能默契地配合。只有这样，团队才能所向披靡，才能创造出更大的经济效益。

当然，团队的领导者必须优秀，但绝不可逞匹夫之勇，更不能瞧不起你的下属。就像飞人乔丹曾经说的那样："假如没有斯科特·皮蓬，就没有我今天的成就，是他将我推上了今天的位置。"乔丹之所以能够帮助"公牛队"实现两次三连冠，就是因为他能够

带领每个队友快速地融入团队，彼此间分工明确、各司其职、配合默契，最终让"公牛队"成为最具战斗力的篮球队。

3. 拆除"部门墙"，让企业各部门之间都能团结协作

我们都知道，企业作为一个大团队，包含了很多部门，每个部门都是一个小团队。然而，很多中层管理者都会犯这样的错误，他们只重视建设自己的小团队，忽视了公司整体这个大团队的建设工作，于是便出现了各部门间各自为战的现象，甚至为了利益互相拆台。殊不知，这也是阻碍企业发展最根本的原因之一。

松下幸之助说："假如把公司比喻成一辆车的话，那么员工和管理者，就像是汽车的前后轮一样，只有在协调而均衡的状况下，企业才能真正得以生存发展和繁荣。"事实上，公司的各个部门都是同等重要的，在推动公司发展的过程中，少了任何一个部门，企业都无法正常运营。因此，各部门之间必须相互协作、优势互补、互通有无，这样才能保证企业团队更加强大。

 团结的锦囊妙计

团队合作是事业成功的基石，尤其是在当前竞争环境如此严峻的形势下，作为团队的领导者，要想让自己的团队走得更远，一定要懂得精诚合作、共创未来。

每个成员都是财富

20世纪初期，"以人为本"的企业管理理念开始盛行。某畅销书的作者更是直白地说："企业的员工不是下属，而是伙伴。"该作者表示，大部分的企业在发展的过程中过分地追求利润，对员工本身缺乏关怀。长此以往，必将成为下一个安然公司或世通公司——企业发展缺乏道德，丢失了企业文化，用企业信用换取一时的盈利，最终导致整个企业瘫痪。

有了前车之鉴，人们自然而然地就提出了新的发展理念——"以人为本"。它强调员工不能被当作机器，更不是企业的成本，而是企业的生命线。一个企业要想发展壮大，必须重视员工，把员工放在最重要的位置，这样才能让员工感受到关怀，才能心甘情愿地为公司创造更大的价值。

电视剧《大染坊》中有这样一个情节：

陈寿亭创立了青岛染织厂，而他本身是一个对员工十分重视的老板。在当时的大环境下，染坊行业的薪水很低，而且一些无良厂家不给员工提供饭菜。但是陈寿亭却规定，给员工发放高薪，而且给员工供饭。不仅如此，他还经常和员工们一起吃大锅饭，碰到伙食不好的时候，他会主动告诉厨房，提高员工的饮食标准，节假日员工们还能领到福利。

陈寿亭说："对员工好也是一种投资，因为只要员工感觉幸福，工作的时候就自然会全力以赴，这样生产和质量就有了保障，那么工厂的利润自然也就提高了。"

陈寿亭从来不把员工当作"佣人"，使得双方产生了深厚的感情，获得了员工们的信赖，他们之间的关系更像是兄弟、伙伴。因此，只要是他安排的工作，大家都会尽心尽力地完成。

很多成功的企业家对待员工的态度和陈寿亭的观点不谋而合。他们在进行企业的实践经营和管理的过程中，跟下属真诚相待，彼此建立了信任关系，最终使企业经营获得了巨大成功。就像奥美广告的创始人大卫·奥格威一样，他曾表示，自己的成功并非偶然，总结起来有3个秘诀，其中最重要的一条就是：让你周围的员工都成为比自己优秀的伙伴。可见，他将员工当作伙伴对待，而不仅仅视为下属。

近年来，越来越多的企业管理者对"尊重员工"的理念重视起来，并将其作为激励员工的一种管理措施。虽说他们在这方面已经有所改善，但做得仍然不够。因为尊重并不等同于重视。相比之下，提高对员工的重视程度更契合员工对工作的诉求。

事实上，员工在公司的地位是一样的，只是职位、工作性质等不同而已，每个人都是在实现自己的人生价值，以换取相应的生活、事业保障。那么，作为企业的管理者和团队的领导，如何做才能称之为重视员工呢？

1. 要向员工描述企业愿景，重视企业文化的构建

企业在提高对员工的重视程度，提高员工对工作的激情时，首先要做的事情就是要向员工描述企业未来的发展方向，让该愿景成

为人人向往的目标，并为之奋斗。当然，这也是通用公司董事长杰克·韦尔奇反复向员工传播公司理念的重要原因。

2. 关注员工在工作中的付出，并对其表示认可

提高企业对员工的重视程度，最重要的就是关注员工在工作中付出的努力，并对其表示认可。几乎所有成功的企业管理者都不吝惜对员工的赞美，他们经常对员工说："你做得对！""谢谢你！""我需要你！""我相信你！""我为你感到自豪！"等鼓励、赞美的语言。千万不要小看这些话语，它就像拥有魔力一样，成为员工奋斗的动力源泉。

在这方面，玫琳凯·艾施在管理方面就做得非常出众。她说自己有一个管理的黄金法则：你希望别人如何对待你，那么你就必须这样对待别人。因此，她经常对自己的员工说出赞美和鼓励的话语。她认为："每个人对公司的发展都非常重要，因为每个人都拥有着完成某项工作的能力，所以我非常看好我的员工。"没错，这就是一名团队管理者应该有的态度。

3. 尽量让每一位员工参与到决策中

让每一位员工都参与决策，这对他们的工作积极性有很大影响。被称为"管理学先知"的玛丽·福列特就曾经预言：如果让每一位员工参与到决策中来，一定能产生强大的群体力量，这种力量能直接影响到企业的生产和发展。虽然权力集中在少数管理者的手中，但推动企业发展的思想还需要广纳良言和群策群力的支持，这也是企业表达对员工重视、激励的最好方法。

团结的锦囊妙计

　　对于一个团队来说，它可以没有钱，可以没有资源，甚至可以没有业务模式，但只要团队的领导者能够注重团队的每一个成员，将其视为最宝贵的财富，那么这个团队必定能够迅速成长起来，即便只做平凡的工作，也能做出超凡的业绩。

团结就是最强竞争力

在企业发展中，很多人都有这样的疑问：衡量一个企业是否具有生命力，能否长久而持续地发展的依据到底是什么？是依据先进的企业理念还是依据企业雄厚的资金力量呢？是看这个企业的科技含量有多高呢，还是看这个企业的人才是否足够优秀呢？

我们应该想明白一个问题：如果想让这些因素都发挥出最大作用，那么最不能缺少的就是团队精神。因为假如缺少了团队精神，那么这些优势都将化为泡影，再也无法帮助企业进步。放眼望去，但凡是优秀的企业，必不缺少的一定是团队精神，因为他们知道，这才是企业成功的核心竞争力。

美国微软公司的雇员，大多成了百万富翁。但这些人在经济富足之后，并没有选择离开，而是继续留在微软工作。或许有人会说"如果有朝一日我成为百万富翁，一定会向老板辞职，然后好好享受生活。"在这些人看来，经济富足了就等于有了辞职的资本，但微软公司的这些百万富翁却从没这样的想法。

于是又有人开始猜测：他们选择不辞职，难道是因为微软公司的工作非常轻松，只要待在那里就可以获得丰厚的报酬吗？但事实并非如此。但凡是对微软做过了解的人都知道，微软公司的工作并不轻松——他们常常加班，每周几乎都要工作60个小时以上。尤其是在推出重要产品前夕，几乎每周都要工作100个小时以上。

也许你觉得这些超额的工作时间一定能带来高额的报酬，但事实却不是这样的。因为微软公司的加班费并不算高，反而还以"吝啬"著称。据该公司的前任副总裁透露，多年以来，作为董事长的比尔·盖茨每次出差，都是自己开车去机场，而且几乎没坐过头等舱。

那么，到底是什么原因具有如此强大的吸引力呢？让微软的百万富翁如此全身心地投入到微软公司的工作中呢？答案就是：微软公司的团队精神，让他们完全超越了自我。这种精神早已在微软公司落地生根，成为微软公司的一种核心精神。

微软公司的人认为，他们早就和公司融为一体了。董事长比尔·盖茨在谈到这种文化时，讲了一段话："这样的企业文化营造了一种积极的工作氛围，在这样的氛围中，微软员工极具开拓性思维，让其员工的潜能得以充分发挥。我们微软公司的这种工作氛围让员工拥有公司的全部资源，同时也为员工提供一个大显身手的平台。我知道，你们每个人都有自己的远大抱负，微软团体能做的就是帮你们实现这些抱负。我的招聘策略一向是聘用那些极具活力和创新精神的顶尖人才，然后将工作权力和责任连同公司的资源一并委托给他们，以便让他们能更出色地完成任务。"

由此可见，比尔·盖茨的微软公司之所以发展得如此强大，与其强大的团队精神是分不开的。这种精神给企业带来的是巨大的效益和不可估量的竞争力。那么到底什么样的精神才算是强大的团队精神呢？

首先，它表现为企业整体的一种集体力量，就好像简单的1+1>2的强大结合力，又称为"系统效应"。

其次，它表现为企业全体成员的向心力、凝聚力，换句话就是"所有人员能够心往一处想，劲往一处使"，每个人都将自己看作企业的一部分。

再次，它是企业员工归属感的一种体现。员工因企业而自豪，并将工作当成自己生活、价值的依托和归宿。

最后，它是员工安全感的体现，即每个员工都能将企业作为安身立命之所，将其看作生活的保障。

既然团队精神有如此强大的作用，那作为企业来说，到底应该如何打造团队精神呢？

1. 营造一种"企业兴旺我光荣，企业衰亡我可耻"的文化氛围

一个企业其实就是一个团队，你可以把它看作是足球队，也可以把它看作是篮球队。我们都知道，球队在比赛的时候，对荣誉非常重视，因此每个队员都会为此全力拼搏，争取胜利。同样，管理者也应该给员工们传输这样的观念：公司衰亡了，我可耻；公司兴旺了，我光荣。只有当每个员工都具备了这种思想意识之后，他们才能将公司的利益和自己的荣辱得失联系在一起，他们才会自发地努力工作。

2. 把"家人意识"融入团队建设中

Shiva作为富兰克·英格利的首席执行官，曾在采访中被问道："Shiva的员工是如何提升这种报效公司的精神的呢？"富兰克这样回答："只有协同合作，同甘共苦，所有的员工像家人一样互相关怀、配合，才能达到为企业荣辱共同努力的效果。"所以，在团队建设中，管理者要注意融入"家人意识"。

团结的锦囊妙计

　　作为团队领导人，不能单纯地强调让员工视公司为家，而应该积极主动地行动起来，真心地把每个员工当作家人，彼此之间互相关心，互相配合，让员工感受到公司的温暖。这样员工自然也会为公司着想，心系公司发展，为公司贡献自己的全部力量。

凝聚力和创新力同等重要

蜗牛为什么时刻都要背着一个壳呢？也许你会说，蜗牛的壳是天生的，它根本无法卸下来，这确实是一个重要的原因。但从另一个角度来看，"壳"就是蜗牛的家，是蜗牛归属感和安全感的寄托。同样，你作为企业或团队的管理者，如果希望员工能将企业放在心上，就要想办法让他们感觉到归属感和安全感。这样才能让员工时刻想着企业，让企业团队充满凝聚力。

相信很多人在逛超市的时候，都见过"老干妈"牌的调味品，当然大多数人也都吃过。那又有多少人真正了解"老干妈"的创始经历呢？

"老干妈"企业创立在贵州的偏远地区，那里交通不便，员工的食宿都成问题。企业负责人陶华碧看员工们的生活比较困难，于是决定包揽员工们的吃住问题。随着公司不断地发展，员工人数越来越多，最多的时候竟然达到了1300人，可公司的这个规定从来没有改变，一直为员工提供最高规格的包吃包住福利。试问，这样的做法，有多少企业能够坚持？但陶华碧却不惜"血本"，为的就是让员工们感觉到公司给予的无限关怀，继而形成强大的凝聚力。

除此之外，陶华碧还有一个更为暖心的行为，那就是她能叫出公司60%的人的名字，同时还记得大部分人的生日。当员工的生日到来时，她会亲自给员工煮一碗长寿面，加两个荷包蛋；员工结婚时，她也必定到场，而且还亲切地当证婚人……

"老干妈"通过这种亲情化、家庭式的管理方式，让全体员工对她充满感情，大家从来不称呼她为董事长，而是亲切地称她为"老干妈"。也正是因为这种难能可贵的感情，让员工的心跟企业紧紧相连，为公司的发展做出更大的努力。

即便后来很多员工离开了公司，也非常想念这个大集体。其中，有这样一个例子：

曾经有个员工离开了"老干妈"公司，但此后再也没找到过如此温暖的公司。因此他非常想回"老干妈"，便托人转告企业负责人陶华碧。陶华碧听完对传话人说："你告诉他，我也一直惦记着他呢！而且也请他转告所有从'老干妈'出去的人，如果他们在外面干得不顺心，欢迎回来！"那位员工听完这番话后十分感动，继而回到公司，工作更加上进了。

每个企业的老板在开会时，都会对员工说："要爱岗如家。"但问题是，有几个老板能像陶华碧那样把企业的员工当成家人和亲人呢？要知道，关怀都是互相的，如果企业不把员工当作家人，那员工又怎么可能真正做到"爱岗如家"呢？俗话说，人心换人心，要想让团队的凝聚力变得更强，那么真心对待员工是相当重要的，而这也是促使员工提高自身创新力的至关重要的因素。

海尔集团是我国发展较早的比较著名的家电制造企业。它创立于1984年，至今已经有38年的发展历史了。在这38年间，海尔公司研发出了近百个大系列的产品。据不完全统计，海尔公司平均每天都会有新产品诞生，而且每天都会进行新的专利申请。

海尔之所以能在工作中做出如此多的创新之举，绝不仅仅是几个工程师就能完成的，必定是整个团队的智慧结晶。海尔公司鼓励人人创新，在30年的发展过程中，海尔人提供了无数条合理化的发展建议，而且大部分都被采纳了。

海尔公司为了鼓励员工创新，规定：员工们只要一年能够提出10条以上的合理化建议，而且被采纳7条以上，就会被评为当年的"优秀员工"，同时获得公司当年的相关奖励。该项规定极大地鼓舞了员工们创新的积极性。

如果说凝聚力是团队发展的保障，那么创新力就是团队发展的希望。假如一个团队没有凝聚力，就相当于一群乌合之众，即便人再多，那也是一盘散沙；假如一个团队没有创新力，就相当于一群苦干型的工人，很难在竞争激烈的工作环境中打胜仗。因此，要想让企业长久地发展下去，想办法提高团队的创新力十分重要。

作为企业的领导人，要想提高团队的创新力，应该如何做呢？

1. 在实践与体验中寻找创新的灵感

在北美有一家专业的零售商，曾想倡导员工参与重塑门店格局，改进客户体验的工作。因此为了激发员工的创造力，公司将员工们进行了分组，并派他们去其他单位体验不同的销售理念。

公司安排其中的几个小组到美容产品丝芙兰零售公司进行观察体验。体验之后发现：该公司的销售模式主要以鼓励销售人员诚实地向顾客介绍产品，然后咨询其使用意见，而不是单独地针对自己的这种品牌进行推销。该企业的其他小组还去别的零售商店进行体验。他们通过这种方式让员工们获得了耳目一新的感觉。员工们通过观察、购物、与销售店员聊天，然后开展比较正式的创意研讨会，彼此进行体验分享。通过各种不同的体验，开始创新自己的营运模式。

这种走出办公室、激励企业员工培养创新力的模式，对于提高员工的创造力来说，是一种非常有效的方法。

2. 以消费者的身份"造访"竞争对手

竞争对手身上的优点，是最值得我们效仿和学习的。但竞争对手的优势怎么可能让你轻易地了解呢？尤其是他们的成功秘诀，更是高度"机密"。不过，"明着"不能学习，可以"暗地里"学习，你可以以消费者的身份去"会一会"竞争对手，与其交流产品特点，交流企业文化，这样不仅能获得珍贵的信息，而且还能激发自己的创新灵感。

 团结的锦囊妙计

对于一个想要寻求长远发展的团队来说，凝聚力与创新力同等重要。当团队拥有了较强的凝聚力与创新力之后，企业的发展就有了足够的保障。任何一个企业要想健康快速地发展下去，凝聚力与创新力都是不可或缺的。

"一个萝卜一个坑"真的好吗

企业管理中，我们经常听到一些中层管理者自我夸耀："我们公司根本离不开我。""公司离了我，一定会一团糟。上次我才休了半个月的假，公司就一片混乱。"这些话的意思就是，他们是公司的顶梁柱，关系着公司的生存发展，对公司至关重要。

但这样的现象真的好吗？假如说一家企业离开了某个管理者就无法正常运转了，那么该企业的团队并不能算是优秀的团队，而这个管理者也不能算是优秀的管理者。

美国硅谷MC公司新聘任了一位研发部主管，负责管理企业的研发团队。老板马尔科姆·辛先生曾多次对该主管说："你知道，我多希望你能成为一个出色的管理者啊。"

该主管问道："辛先生，那您认为怎样才能称之为出色的管理者呢？"

辛先生回答道："真正优秀的团队，就是谁都能用得上，谁都能离得开，这才是一个优秀的团队，一个优秀的管理者。"

听完老板的话，他开始努力地带团队。每天都会给下属细致地安排工作，并监督他们的进展情况。不仅如此，每天下班前他都会向下属询问当天的工作状况。假如下属在工作中遇到了困难，他还会积极帮忙解决。

尽管这样的状况让他感觉很累，但经过一段时间的努力，他的团队展现出一种新的面貌，每个人都踏实肯干，而且都能出色地发挥自己的才能。

到了年底，企业开总结大会，当老板辛先生谈到研发团队的改变时，微笑着给了该主管一个大大的奖励。但随后辛先生说道："虽然我给了你奖励，而且也知道你的工作完成得很细致，团队的战斗力也很强。但我总感觉你的团队似乎欠缺了什么。后来我终于想明白了，假如有一天我把你升迁到了其他的管理岗位，那你的研发团队该怎么办呢？它还能像现在一样保持如此强大的战斗力吗？"

老板的话让该主管陷入了思考：没错，假如有一天我真的离开了现在的岗位，那我的团队还能保持现在的工作状态吗？他们会不会变成一盘散沙呢？

老板的话终于点醒了主管，他也真正明白了老板之前说的那番话——好的团队谁都可以用得上，团队中的人都可以离得开。原来这句话是说优秀的团队能离开任何一名员工而不影响其正常运转，包括离开团队的管理者。

俗话说："地球离了谁都照样能转。"但这句话在很多企业中都不适用，因为很多企业都是专人专岗，离开了任何一名员工，都有可能影响到企业正常的运转。尤其是团队的管理者，如果他们走了，那整个团队可能会成为一盘散沙。

那么为什么一个团队离开了管理者就不能正常运转了呢？原因很简单：管理者并没有教会每一个团队成员团结协作的精神和自觉的工作习惯。

管理者在任时，他时刻以领导的身份和权威管理着每一位团队成员，甚至可以视为严厉的约束，这才保证了团队的正常运转。一旦他离开了团队，员工失去了这种被约束的感觉，再加上没有了上司的指导，一时间似乎没有了工作方向，团队自然就陷入了混乱。

那么，怎样做到让一个团队离开了谁都能正常运转呢？具体建议如下：

1. 努力培养员工独立解决问题的能力

大部分的团队成员在遇到困难时，都会寻求上司的帮助，而大部分的上司秉持着负责的态度也都会积极地帮下属想办法。但在这个过程中，下属会逐渐对上司产生依赖，而上司也会感觉越来越累。

这种依赖感一旦养成，那么只要下属遇到了困难，就不会再独立思考解决办法，而是直接去找上司了。久而久之，下属独立解决问题的能力就萎缩了。当某一天，上司突然离开这个团队，而新来的上司又不能像以前上司一样"手把手"地帮忙，下属便对工作力不从心，执行力和工作效率自然会大打折扣。

鉴于这种情况，管理者在培养团队的时候，首先应该培养员工独立思考、解决问题的能力。当下属遇到困难的时候，不要着急帮助他们解决，而是尝试着启发和引导他们独自思考，教给他们独自解决问题的思维和方法。这就是我们常说的"授人以渔"。当然，在这个过程中，他们或许会犯错误，而你作为管理者，不应该责罚他们，应该尽可能地宽容和鼓励他们。这比起直接帮助他们解决问题要好得多，不但能建立起一个真正的"好"团队，而且也能把领导从繁忙中解放出来。

2. 不要过细地监督下属的工作，而是对其提出高标准

我们知道，管理离不开监督，但不需要太过细致的监督。最好的"监督"办法是，给下属一个高标准，让其作为自我管理、主动工作的目标。这样，在以结果为导向的管理模式下，下属能养成主动工作的好习惯，改变工作态度，从而不断提升自己的工作能力。

团结的锦囊妙计

作为团队的领导者，要懂得适当"放手"，告诉自己的团队成员，学会一手抓自身职能，一手抓管理整个组织的职能。但后者往往被团队管理者所忽视，最终导致"自累"的结果。

让每个人的效益发挥到最大

在判定一个团队是否有实力时，虽然每个团队成员的能力都需要考量，但最重要的还是这个团队的人才结构是否合理。只有合理的人才结构，才能让每个成员做到扬长避短，从而产生"化零为整"的"化学"反应。因此，你作为管理者，最重要的是善于优化团队组合，把每个员工安排在合适的岗位上，同时又能保证成员之间团结合作，这样能大大提升企业的凝聚力和战斗力。

一天，由惠普员工组成的运动队和联想员工组成的运动队展开了一场攀岩比赛。比赛开始前，惠普队员不断强调一定要齐心协力，注意安全，共同完成任务。而联想队则没有过多地鼓舞士气，而是扎堆在一块，小声地合计着什么。

比赛刚刚开始，惠普队就遇到了基础险情，尽管大家按照之前商议的齐心协力，排除万难，却因为花费时间过长而输给了联想队。

那么联想队在比赛开始前到底在合计什么呢？

原来，他们在进行组合安排。他们研究了每个团队成员的优势和劣势，然后根据优势互补的原则进行了精心安排：他们派出一位动作机灵的小个子队员作为第一个出场者，然后派出一位高个子队员作为第二个出场者，女士和身体肥胖的队员在比赛中间出场，最后出场的是攀岩能力超强的队员。通过这种优化组合方式，他们巧妙地避开了开头和结尾处出现的险情，以最快的速度完成了任务，赢得了比赛。

这个故事告诉我们，假如团队成员的才能可以做到互补，扬长避短，那么团队必定能成为优秀团队。因为他们在完成目标任务的过程中，能够协同作战，发挥出每个人的特长，从而让整体团队的竞争力发挥到最大限度。

杰克·韦尔奇在担任通用公司CEO的时候就曾说过："我的工作就是为每一位优秀的职员提供最广阔的机会，同时合理地分配资金和人才。总体来说就是：传达思想，分配资源，然后让开道路。"这句话也正好说明了管理者要做的事情就是合理地在人员中进行优化组合，让团队工作时所向披靡。

在优化团队组合、打造协作性团队时，哪些因素是管理者必须要考虑到的呢？

1. 能力因素

要想打造协作型团队，你要考虑到每一个团队成员的能力。要想让自己的团队达到最佳组合，就必须考虑到团队所有成员的能力互相匹配。毕竟有的人能力大，有的人能力小，有的人喜欢做决策，有的人组织能力较强，有的人执行力较强，而有的人心思细腻，做监督工作最为合适。总之，团队里每个人都有各自的优势，所以我们在组合的时候，要避免大材小用和小材大用等不合理现象，让大家的能力互相匹配，以达到最佳组合团队。

2. 知识因素

每个员工都拥有不同的专业知识，所以在搭配人才的时候，一定要让拥有不同专业知识的人才互相配合。要知道，现代企业要想发展，提高经营管理水平，必定离不开知识和技能的帮助。而且随着竞争的白热化，我们所拥有的技能也应该不断更新换代，需要将专业知识作为发展基础。但一个人的精力毕竟是有限的，不可能掌握过多的科学技术和技能，因此，就需要团队所有的人互相合作，让团队的效用达到最高。

3. 气质因素

一个人的气质指的是其脾气、性格、秉性等特质。有的员工比较外向，有的员工则较为内敛；有的员工性格泼辣，而有的员工则比较斯文；有的员工沉默寡言，而有的员工善于交际，十分健谈……不同气质的员工工作方式不同，他所适合的岗位也就不同。比如，健谈的人比较适合搞销售、外联、组织协调工作等，而有风度的人比较适合做企业的公关人员等。假如团队里都是性格比较急躁的成员，那大家在一起工作就很容易发生矛盾冲突；假如团队成员性格都是很内向，这也不行，因为团队就会变得死气沉沉，一点轻松的氛围都没有。所以，团队成员的性格应该互相匹配，这样才能释放出团队最大的力量。

4. 年龄因素

要想组合成理想的团队，团队就应该有各种不同年龄的成员，组合成一个金字塔形的人才梯队，这样大家合作起来也较为和谐。毕竟年龄大的人拥有经验，中间的人享有智慧，年轻人有的是干劲，这样的成员组合在一起，一定能让团队的力量实现最大化。

团结的锦囊妙计

　　作为团队的管理者,要想让自己的团队发挥出最大的效益,就要学会充分利用每一个成员的技术和技能,让他们做自己擅长的工作,充分发挥他们的潜力,这样才能保证团队的整体工作达到最高标准。

利益和荣誉是团队的黏合剂

有这样一则寓言：一匹马和一头驴驮着货物跟在主人后面。驴驮的货物较多，累得都要撑不住了，于是便对同行的马说："老马，我要累得受不了了，你能帮我分担点吗？"老马回答道："不好意思，我也很累，真帮不了你。"没过多久，驴就累倒了。主人把驴驮的货物放到了马背上。结果，马累得筋疲力尽，一边走一边后悔之前没替驴分担货物。

这则寓言虽然说的是马和驴的故事，但管理企业、团队也是同样的道理，彼此之间看似是自己做自己的事，但其实都是在为团队、企业的目标配合工作。如果团队中的员工并不重视团队荣誉和利益，做任何事情都只想着自己的利益，那么最终的结果就是马的遭遇。因此，任何一名团队成员都不能太过自私自利，应该把团队目标和团队荣誉作为自己的工作标准，时刻想着团队利益，这样才能让自己的团队更加强大。

再看看生活在草原上的蚂蚁群，它们的表现和马就截然不同。当草原发生火灾时，蚂蚁会立即聚拢，接下来便抱作一团，随后便开始像球一样迅速滚动，最终逃离火海。虽然"蚁球"外围的蚂蚁终究没能逃过被烧死的命运，但外围的蚂蚁用自己的牺牲换回了同伴的生命，为蚁族留下了生机。而我们的企业要想发展壮大，最应该具备的就是蚂蚁这种团结协作的精神——将团队利益和荣誉视作最高标准。

管理者首先要做的事情就是告诉员工，假如达成了团队目标，员工会从中获得什么利益，员工会赢得哪些荣耀。管理者只有将团队目标和员工利益紧紧联系在一起，才能真正地令员工心动。

孔子曾说过："利益众生，施惠于民。"这句话的意思就是让百姓把自己的利益和整体利益相联系，这样百姓才能为之努力，而且也更容易激励和管理他们。对于企业管理者而言，要想建立一个强大竞争力的团队，必须让员工明确地意识到，团队的目标和荣誉与其自身的利益息息相关。这样，员工才能为了自己的利益而努力，而团队的目标自然而然就会实现。

作为管理者，如何才能制定出一个跟团队成员息息相关的整体目标呢？

1. 明确地制定利益分配的方案

司马迁曾经说过："天下熙熙，皆为利来；天下攘攘，皆为利往。"用在企业管理上，就是说员工之所以为企业效力，都是为了自身利益，毕竟每个人都要养家糊口。因此，在利益分配的时候，管理者千万不能含糊，一定要有明确的利益分配方案；同时也得让大家知道：实现了企业的某个目标，你作为企业一员可以得到什么样的好处。就像给营销员制定相应的提成方案一样，这才是对员工最有激励作用的方法。

2. 在荣誉激励中加入感情的"戏份"

相信每个人都有这样的体会，假如你和某个人关系好，那么当这个朋友遇到困难时，你一定会愿意帮忙，甚至会像解决自己的困难一样帮助对方。企业跟员工的关系也是如此。假如你的员工对企业的感情很深，那他自然会把企业的荣誉当成自己的荣誉。反之，如果员工早就"恨透"了这个单位，那他巴不得企业荣誉受损。

因此，管理者在跟员工做荣誉"捆绑"时，一定要加入感情"戏份"，也就是对员工进行感情投资，双方保持良好的关系。这样员工才能服从管理，才能对企业荣誉理解得更为透彻。

这一点在《新华日报》对"扬州协鑫集团"的报道中得到了充分验证。协鑫集团最早只是一个小电力公司，但其经过32年的不断努力，终于成为集新能源、清洁能源和相关产业于一体的集团性跨国企业。而在这32年的奋斗历程中，"感情投资"便是它取得成功的重要手段之一。

据协鑫集团领导人员讲述，协鑫集团从创立之初便制定了"家文化"，并将其作为企业的文化核心，最难得的是该企业文化一直传承至今。

当然，有的企业可能会说："唱高调，谁不会呢？"但协鑫集团的"家文化"并不是做做表面功夫，他们的管理层确实将"家文化"落到了实处，尤其是公司内部定期开展的"民主听证会""总经理接待日""员工座谈会"等一系列措施。这些保障了集团管理层能够切实地听到员工的心声，处理员工的意见，让员工感受到集团对自己的重视，感受到自己作为"家人"的权利。

不仅如此，协鑫集团内部还有一个不成文的规定，总经理级别以上人员的手机号、微信号完全对员工公开，让每一个员工能够有发表意见的权利，保证了员工随时随地都能够表达自己的观点。

正是这一系列的措施，带动了协鑫集团的每一位员工，让他们感觉到家一般的温暖和自由，所以才能够毫无顾忌地说真话，像对待自家事业一般对待工作，最终成就了协鑫的今天。

由此可见，要想把企业管理好，管理者必须要学会感情投资，做一个对员工有感情的人，多跟员工进行感情交流，这对凝聚人心、增强团队凝聚力是很有帮助的。

 团结的锦囊妙计

作为企业的管理者，你要做的事情就是不断地向员工宣传团队利益和荣誉，把团队利益和个人利益紧密结合起来，让所有员工将此当作信念，这样的团队将不可战胜。

 第二招

目　标

——好团队的灯塔

目标是第一生产力

作为一名管理者，你是否发现身边总会有这些危机：生产进度缓慢、产品质量糟糕、服务态度恶劣、工伤事故频发、下属消极怠工、员工流失严重等。然而，这仅仅是你能够看到的问题，那些隐藏在团队内部的你看不到的问题呢？对此，很多管理者都很头疼，他们想破了脑袋，都不知道为什么自己带领的团队会出现这么多的问题？是自己的领导能力有问题吗？还是团队成员太"愚笨"了呢？都不是，只是因为你的团队缺少目标。

缺少目标的团队一般会出现什么样的糟糕状况呢？

糟糕状况1：形式主义

某公司的领导要在年终的时候为员工开展为期两周的培训活动。为此，他召集公司所有的管理者与培训专家共同商定了培训课程。课程确定后，人力资源部门对培训室进行了精心准备，力求为大家提供最优质的培训场地和设施。为了保证培训质量，该企业领导不仅全程跟踪培训过程，而且本人亲自上阵，承担了本次培训的两门课程。

然而，随着培训工作的开展，员工们的表现简直伤透了这位领导的心。虽然在培训课程开始之前，领导曾反复强调课堂纪律，但员工们好像根本没听到一样，上课时我行我素——随意出入培训教室，交头接耳，随意接打电话；不积极参与互动，对讲师的提问假装没听见，每节课都要出现N次冷场现象；更糟糕的是，员工根本没用心听课，几乎没有员工认真记笔记；有的员工中途还编造各种理由请假；最后参加培训的人员越来越少……

培训结束后，领导很生气。后来，无意间听到员工们议论才知道：原来，在他们的意识里，根本不知道自己为什么要参加这次培训，认为这只是一项工作任务，虽然自己不想参加，但为了完成任务，只好走走过场，搞形式主义。

这个案例问题，到底出在了哪里呢？没错，就是整体团队没有目标。工作没有工作目标，培训没有培训目标……没有了目标的指引，员工自然不明白自己为什么要做这件事？又何谈做好呢？

其实，很多企业内部都出现过形式主义的做法，例如员工上交的目标书、计划清单、总结等，很多都只是随意地从网络上摘抄的同类方案；又或者开会讨论，很多员工都习惯于沉默和服从等。像这样的现象不胜枚举。

糟糕状况2：等别人交代任务

在一次职业经理人沙龙上，一位经理人聊到了员工工作积极性和主动性的问题。他抱怨道："现在的员工，真是越来越难管理了，明明是他的错，反而表现得特别理直气壮。有一次，我从外面进来，发现一位员工正在看电影，便上前责备了他，没想到他理直气壮地反驳道：'你好像没给我安排工作吧？没有工作做，那我自然就会看电影了，难道让我在这里傻坐着吗？'听完他的话，我竟然无言以对。"

"我并没处罚他，因为不知道该以什么样的理由处罚他，毕竟我的确没有给他分配任务。但我心里还是很生气的，我的团队有20

多人，难道每个人都要等我去安排任务吗？如果真是那样，即便我有三头六臂恐怕也忙不过来吧！为什么现在的员工自己就不会安排工作呢？"

其实，这位领导的烦恼并不是个例，很多领导都遇到过这样的问题，这到底是为什么呢？是现在的员工越来越懒惰，还是现在的上级领导无方？其实都不是，最根本的原因是企业缺乏统一的工作目标。没有目标的指引，员工自然不知道自己接下来应该朝着哪个方向工作啊。

糟糕情况3：把工作当成痛苦的事

网络上有一个公司老板抱怨道："真是搞不懂，现在的员工为什么如此厌恶工作。每天都是一副死气沉沉的样子，一到周五倒是兴奋了。我曾经不止一次地听到员工们这样的谈话：'感觉时间过得好慢，怎么还不放假啊？'似乎上班对于他们来说，是极不情愿的事情。"

的确，这样的情况每个单位都会有。人都会出现倦怠期，在某段时间会不情愿工作，工作积极性也表现得不是很高，这都属于正常现象。但假如你的员工一直保持着这样的状态，那问题就来了。这只能说明你的员工根本没有工作的动力，这份工作对他来说，只是为了获取一份养家的薪水而不得不勉强自己做而已。

因此，一个企业团队的领导人，要考虑为什么有些员工总是厌恶工作，为什么有些员工不像团队其他员工那样，每天都是信心满满地来上班呢？

其实，问题的症结就在于团队没有一个明确的目标。假如团队有了明确的目标，并将其作为努力的方向，团队必定能爆发出惊人的动力，员工一定不会出现每天盼着都是"周末"的情况！

所以，不要在这里自怨自艾了，自查一下，你的领导职责是否做到位了，是否给员工确定了具体的工作目标。

当然，团队缺乏统一目标，也会使团队成员缺乏竞争力，不愿意接受挑战和新鲜事物。例如公司推出新项目、新产品，员工们往往抱着反对和质疑的态度，说得最多的话一定是："这也能行"或者"这怎么能销售出去"再或者"这样的产品根本没有市场竞争力"等类似的"泄气话"。

像这种糟糕的情况不胜枚举。团队缺乏统一目标，如同一潭死水一般，毫无生气，工作没有动力，缺乏必要的战斗力，再加上现如今市场竞争如此激烈的情况下，这样的团队随时会面临着覆灭的危险。

其实，每一个员工内心都渴望自我价值的实现，都渴望在工作上表现得更为优秀，这是人的本性。但真正导致他们工作动力不足的根本原因是他们不知道自己"为什么要工作"，他们的工作能给自己、能给企业带来什么？

所以，企业一定要设定合理的目标，并且及时让员工明了，如此，团队成员才会拥有激情，才能稳步朝着目标前进。

设定目标的锦囊妙计

一个团队，要想持久而稳定的发展，目标必不可少。目标的引导力量是无穷大的，它的制定能给团队成员指明方向，能让团队大大提高生产力。

愿景是团队奋斗的目标

俗话说："伟大的愿景是先于伟大事业的成就。"意思是说一个企业要想成就伟大的事业，首先要拥有一个伟大的共同的愿景。当团队中所有的成员都确信，自己的努力会换来伟大事业的成功时，他们自然会全力以赴。因为这能让他们从自己的工作中获得极大的满足感和成就感。

著名的"汤普林定理"说的就是这个意思。汤普林在担任英国皇军女子空军指挥官时说过一段话："通过统一一种力量，然后让这种力量叠加升级，从而达到统一分散的目的，就好像磁石一样，产生一种凝聚的力量。但确定整体目标之前，必须言明共同的利益。你所设定的组织目标要能反映个人需求，而个人的需求还能促进组织目标的实现。"

该理论对于现代团队文化建设非常适用，它所阐述的意思和彼德·圣吉在《第五项修炼》一书中提出的共同愿景是一样的，都是建议领导人为自己的团队建立一个共同的愿景，让其成为团队的共同目标。该愿景一旦建立，必定会产生一股强大的感召力，让团队的全体成员都能为之奋斗，给人一种众人一体的感觉，同时贯穿到组织的全面活动当中。这是所有团队共同期待和追求的景象，同时也能帮助每个成员实现自己的个人才华，最终形成强大的团队竞争力。

"共同愿景"展现的是团队成员们持有共同的奋斗目标，同时该目标成为全体成员执着和追求的信念时，它就成为企业凝聚力、驱动力和创造力的源泉。

共同愿景能够唤起团队成员的使命感。团队成员通过它看到自身在团队中的定位，了解了自己所肩负的历史责任，与其他成员一道让团队走向优秀。共同愿景能帮助团队成员建立起敬业精神，使其自觉投入并乐于奉献。因为该愿景能让他们了解到工作本身对于他们非同以往的意义，工作不再局限于谋生手段，更成为一种社会责任。团队成员在工作中享受到了激情和乐趣，也从中体会到了自己所存在的意义。共同愿景能协调团队和成员之间的关系，所有人的称谓都会改变，会将团队称为"我们的团队"，每一个成员都会将彼此视为伙伴，看作生命的共同体。共同愿景一旦建立起来，它会发挥像灯塔一样的作用，为团队的发展指明方向，成为团队的灵魂。

同样，建立共同愿景对团队建设至关重要，这一点毋庸置疑。不过需要提醒大家的是我们在建立共同愿景的时候，并不是将每个人的愿景或者部门愿景单纯地相加。团队愿景的建立是一个循序渐进的过程，如果团队在发展的过程中只是将团队成员的愿景简单相加反而会阻碍团队的整体发展。因为它并不能让团队形成一种统一的文化，不利于企业的整体发展。当然，共同愿景的建立并不是说我们将个人的想法弃之不顾。实际上，共同愿景的建立也是在个人愿景汇聚的基础上形成的，它并非简单的机械相加，而是在汇聚个人愿景的基础上进行升级，最终形成共同愿景，这也是团队文化中"以人为本"的中心思想。假如你的员工都没有自己的愿景，那么企业的共同愿景根本不可能融入到他们的思想里，这就丧失了建立共同愿景的初衷。此外，要想把企业员工的个人愿景上升为共同愿景，最忌讳的就是"一言堂"，不能因为你是领导者，你就必须说了算，否则不但不能起到推动作用，还会导致愿景的破灭。

这也就是说，真正的共同愿景不是下属无奈的妥协，而是跟团队中每个成员的利益息息相关的愿景共同体，就好像美丽的珊瑚，它是由珊瑚虫们分泌的石灰质有机结合而形成的。当然，共同愿景的建立也不是针对团队中的某一个问题而出现，一旦我们着眼于某一个单一问题的解决而建立共同愿景的话，发展方向就会有所偏离。

由此可见，共同愿景的建立并非一件易事，而且还是一个很复杂的过程。总体来说，我们在为团队设计共同愿景之时，应该注意以下几点：

1. 对共同愿景进行细分

共同愿景应具体细分为阶段性愿景，增强团队成员最终实现共同愿景的信心。共同愿景是团队在一定时期内所希望达到的最终景象，是团队成员为之奋斗的总目标。共同愿景确立后，我们应对其进行分解，根据工作的发展规律和进程特点，细化为阶段性景象，然后由分愿景的实现最终组和成共同愿景。

2. 将共同愿景与个人愿景结合起来

团队的共同愿景应该是结合了每一位员工对团队的深切期盼，能够让团队成员发挥自身价值，满足每一位员工的成就感，让员工有所成就，让他们的才华得以施展，情感能够得到尊重，这也可以称为个人愿景。

作为企业来说，应该更多地支持和鼓励员工那些正确的个人愿景，让每一个人都得到公平、公正的对待，让所有成员之间都能彼此尊重，相互包容，最终营造一个快乐和谐的工作氛围。

3. 管理者要参与共同愿景的创建

在建立共同愿景的过程中，管理者要身体力行。一个团队就好像一艘航行于大海中的轮船，而作为团队的管理者，就相当于轮船上的掌舵人，所以轮船该向哪个方向航行，首先应该做出反应。如果自己都不能身体力行，那么根本就不可能驾驭自己的团队，也不可能带领团队向长远发展，更不可能实现团队的伟大愿景。

总而言之，要想成为团队的合格管理者，共同愿景就必须让每一个成员相信，而且与每一个团队成员要密切相关，而不应该仅仅将它作为挂在墙上"观赏品"，或是一个强加给团队成员的指令。

 设定目标的锦囊妙计

每一个团队都应该建立一个简单、明确而统一的目标，并且将其作为大家共同的愿景。因为对于一个团队来说，没有共同愿景就意味着没有未来的方向，一旦方向丢失，任何努力都是白费。

为团队制定一个合理的高目标

美国著名的行为学家吉格勒曾经说过："任何一个团队都需要设定一个高目标，它的出现就等于达到了目标的一部分。"很多管理者都将这句话视作"金玉良言"，因此常常为员工设置一些比较具有挑战性的目标。吉格勒的这句话是有一定道理的，毕竟适当的高目标的确能够起到激发员工工作热情的作用。当员工顺利完成了高难度的工作时，还可以获得巨大的成就感。

但是，需要注意的是，管理者一定要把握好"高"的尺度。假如员工认为你定的高目标能够独自完成时，他必定会充满干劲。可是，一旦员工发现，这个高目标无论再怎么努力也不可能实现的时候，他们就可能丧失一切动力。

那这时候你作为管理者应该怎么办呢？

有心理学家就此指出："如果人们的行动有了明确目标，而且能把目标不断地加以对照，并清楚地知道自己的行进速度和目标之间的距离，那么人的动力就会得到维持和加强，并自觉地克服一切困难，以期目标的实现和完成。"

这段话的意思就是，制定了一个高目标之后，假如这个"高目标"不可能立即实现，那么就应该对其进行明确划分：随着时间的推移、团队的成果以及项目进程等因素的改变，制订出确切的小目标，但所有小目标的制定方向一定是朝向"高目标"的。

范瑶是一家房地产经纪公司的销售经理。他每天的主要工作就是制订出整个部门的工作计划和销售策略，并且将这些计划和策略合理地分配，监督和指导团队更好地落实。

但是随着市场环境的变化，二手房的交易量直线下滑，团队业绩也受到了影响，团队的士气更是一度低迷。面对这样的情况，范瑶心急如焚。这天，他在会议上提出了"下个季度提升20%的销售额"的目标，同时向大家许诺，如果完成了这个目标，那么他一定向总部申请，带领大家去国外度假两周。

大家一听，立即热血沸腾起来。刚开始，员工们的确为了该目标奋勇作战，千方百计地想完成自己分内的工作。可是，没过多久，大家的积极性开始有所下降。大家私底下纷纷讨论：无论我们如何努力，人家就是不买产品，咱们有什么办法啊！

很快，大家从最开始的激情洋溢，又恢复到了之前的得过且过。每个人都在说："这个目标反正也实现不了了，什么国外度假，梦里见吧。"

范瑶很快察觉到了同事们的情绪变化。他开始反思，发现自己犯了一个严重的错误：自己在会上制定的目标太大，超出了员工们的承受能力。于是他再次召集大家开会。这一次，他提出"每天进步一点点，持续等待量变"的新目标。落实到具体内容就是，只要每一位员工的业绩能和之前的业绩持平，或者有一点点的提高，便向公司申请奖励。

这次会议结束后，同事们的情绪明显有了变化，工作积极性又开始高涨，每天都是精气十足地来上班。大部分人都能保证和之前的业绩持平的状态，这样就先避免了公司业绩下滑的危险；更努力一些的同事，还能让自己的业绩有所提高，这就带动着销售业绩的增长。当然，范瑶的承诺也都实现了，虽然没有带领大家去国外度假，但每一位同事的努力都获得了相应的奖励。

最终，范瑶的团队成为公司年度唯一一个保证业绩平稳正常的团队。

从这个案例中我们不难发现，要想带领团队进步，目标制定得是否合理至关重要。很多团队的管理者都是当局者迷，不明白应该如何制定出一个合理的目标。那么你可以根据以下步骤去做。

1. 目标制定需适宜

千万不要把目标定得太高，否则会给员工一种遥不可及的感觉，这样就丧失了制定目标的意义。但是，制定的目标也不能太低。如果员工轻而易举地就能完成，根本不需要努力，那同样也起不到激励的作用。因此，一个合理的"高目标"至关重要。

那么，到底什么样的目标才是高低适宜的目标呢？

诚然，为了让员工明白工作的长远意义，要给员工设置一个总体目标。但是总体目标的实现毕竟是一个长期而复杂的过程，而且总体目标一般挑战性较大，所以，为了完成这个目标，我们还要围绕它设置分体目标，对总体目标进行拆分，将其划分成一个个的小目标，这样引导员工看到前进方向和与目标的距离，同时每一个小目标的实现，都能让员工感到总体目标实现的可行性，这对其不断努力也能起到激励作用。

2. 目标需要结合工作

任何人做事之前都是有目的的。人们之所以要设定目标，也是出于这个原因。合理的目标能够引领员工，让员工对自己的工作和团队充满信心；能够引导和激励员工不断努力，调动其工作的积极性。

当然，要想达到这一目的，管理者在制定目标时就需要把团队目标和员工个人目标相结合。只有这样，才能真正地起到激励员工积极性的作用，如让员工参与团队目标的制定，这样不仅能让员工体会到目标的科学性，而且还能让其体会到"主人翁"的感觉，进而产生和管理者一致的看法，努力工作自然就成为员工的一种自觉行为。

3. 目标需要引导

任何目标的实现都需要过程，作为管理者需要对员工加以引导。比如：把每一阶段的目标的实现程度告诉员工；又或者，把客户对员工的肯定和表扬及时传达给员工；再者，将工作合理地分配，让员工感受到目标逐渐实现的感觉。

设定目标的锦囊妙计

作为团队的管理者，首先应该认识到，目标的实现会受到诸多因素的影响，就此必须做好充分的准备工作，制定出相对合理的目标，然后对员工加以引导，进而提高员工的工作积极性，最终保证团队整体目标的实现。

懂得做计划

亨利·福特是福特汽车公司的创始人，也是20世纪最伟大的企业家之一。他曾说过："我总是以这样的方式去做事：在开始动手之前把每一个细节都计划好。否则的话，一个人在工作进行时却不断地改变，直到最后还无法统一，那就会浪费大量的时间。这种浪费时间的做法是不可取的。很多发明家的失败就是因为他们分不清计划与实践的区别。"对管理者来说，懂得做计划是重要的事。管理学奠基人之一法约尔曾说，管理的五大职能便是计划、组织、指挥、协调和控制。

作为管理职能中一项基本的职能，计划是对未来工作的一种事先安排，是对未来的规划和统筹。也就是管理者要对过去和现在进行分析，以及预测将来可能要发生的状况，以此确保企业团队目标的顺利实施。

我们正处在一个技术日益革新的时代，这给发展带来了巨大的挑战，也带来了巨大的风险。在这样的时代，计划对一个企业来说显得更加重要，甚至成为企业生存的必要条件。作为管理者要懂得做计划，就是为了把工作中的重复、浪费降到最低，能够为以后的管理工作指明方向，让未来少走很多弯路，减少不确定性，提高目标实现的效率。

L. 佩里戈公司专门制造常用药品和美容药品。威廉·斯瓦尼

担任公司总裁之后，他发现公司依然沿用传统的生产计划。更为可怕的是，管理层对计划大多都只有一个模糊的概念。比如，"与客户保持联系""定期考核业绩"等，而至于详细的"与客户保持联系、考核业绩"的计划却并没有列出来。之后，威廉召集管理层开会，要求不管什么工作都要有详细的计划安排，这些计划要能够充分体现出管理者和员工希望实现的目标。此外，威廉还参与了一些计划设定。每个管理层都必须依据自己的职责设立具体的、详细的、定量化的计划。比如，"合同签订之后，项目预算必须在两个星期内提交""完成项目的总支出不能超过总预算的3%"。在威廉的引导下，管理层逐渐有了计划管理意识，工作效率也有了大幅度的提升。

无独有偶，20世纪80年代，日本轿车之所以能在国际市场上大放异彩，和他们管理层的计划意识是分不开的。70年代，世界性能源危机出现，日本汽车厂家对国际市场进行了缜密的调查和预测，最后选择了"轻便""节能""小型"的汽车发展战略计划，这让它打败了当时称霸世界的美国轿车，成为国际轿车市场的霸主。1980年，美国通用、克莱斯勒、福特"三大汽车巨头"亏损42亿美元，依靠美国政府的"救助"才勉强渡过危机。

计划，就是要求管理者对资源进行合理配置，提高管理的效率，保证团队乃至企业的顺遂发展。有了计划才有控制，有了控制才有效益。

另外，管理层在做计划之前，要先理解计划的五个性质。

1. 目的性

每一个计划的产生都是为了企业或者是团队的发展，是为了某一个时期服务的。没有计划，就不可能实现设定的目标。

2. 首位性

从管理的角度来说，相对于其他管理职能，计划处于首位，是为了实现企业的目标而设定的。在实际工作中，计划牵扯着整个集体的行动。另外，管理层制定计划，是为了更清楚需要什么样的组织关系和人员素质，需要采用什么样的方法去管理下属员工，需要采用什么样的方法去控制员工等。所以，要想让其他管理职能发挥应有的效用，必须要做好计划。

3. 普遍性

管理人员的职位不同，计划的特点和范围也会有所不同，但毋庸置疑，制定计划是每一个管理人员的必要职责。不管是哪个层级的领导，都必须要进行计划的制定。

4. 效率性

做计划不仅是为了要保证任务的完成，而且还是为了对资源做出最佳配置，以便更加合理地利用资源和提高效率。

5. 创新性

计划其实也是创造的管理过程，是为了应对可能出现的新问题或者是可能发生的新变化而设立的。如同一项新产品必须创新才能成功一样，好的计划也必须具有创新性。

作为管理层，我们可以从以下几个方面进行计划。

（1）估量机会

在正式制定计划之前，要先做好对机会的估量，它是整个计划工作的基础，包括分析未来可能出现的变化和机会；依据自身优劣势，找准自己的位置；列出不确定的因素，分析其发生的概率以及对计划的影响等，经过反复斟酌估量之后再进行切实的计划。

（2）确定目标

估量机会之后，便是对目标的确定。明确的目标能够为管理者乃至团队中的每个人指明方向。

（3）确定前提条件

每个计划都有一些比较关键的前提条件，也就是计划的假设条件，实施计划时的预期环境。管理者对其了解分析得越透彻，计划就会做得越周密。从环境角度来说，计划的前提条件分为内部条件和外部条件；从控制角度来说，计划的前提条件又分为可控条件、部分可控条件和不可控条件。内部条件大多都是可控的，而外部条件则存在着很大的不可控性或部分可控性。显而易见，不可控条件越多，计划中的不确定性就越大。

（4）备选方案

每一个计划后面都要有一个备选方案，以应对突发情况，但备选方案不宜过多，一旦出现意料之外的情况，还是要把精力放在希望最大的方案上面，对方案各方面进行评价分析等。如若同时有两个可取的方案，在选择第一个方案的同时，对另外一个方案也要进行细化和完善，以备不时之需。

（5）辅助计划

这是总计划的一部分，总计划需要辅助计划来保证，它是总计划的基础。比如，一家航空公司要采购一批新飞机，就要制定很多辅助计划，像雇佣培训人员、采购安装部件、建立维修计划、制定飞行表等。

（6）编制预算

这是计划的最后一步，让计划变得数字化，也是对资源进行合理的分配。预算做好了，计划完成进度就能得到平衡。

 设定目标的锦囊妙计

计划关系着企业的经济发展，关系着企业的生死存亡。计划是企业领导者衡量经营管理效果的标准。有了计划，即便在实施的过程中出现了偏差，也能够按照计划及时地进行检查和调整。总之，企业的一切经营管理活动，都是从计划开始的。

明确目标，统一实现路径

任何一个团队要想持续发展，就必须拥有一个清晰而明确的目标作为支撑。假如团队没有一个清晰的目标，员工就没有明确的努力方向，也不可能心往一块想、劲儿往一块使。如此一来，还谈什么团队竞争力和战斗力。没有清晰而明确的目标做引导，团队只能走一步看一步，始终处于投机和侥幸的不确定状态下。所以说，带领团队，首先要做的就是为团队设立一个清晰而明确的目标，这也是把团队做强做大的必要条件。

清晰而明确的目标对于团队真的这么重要吗？我们看一看沃尔玛的发展历程，相信它会为你很好地解答这个问题。

山姆·沃尔顿是沃尔玛的创始人，同时也是第一个创立廉价商店的人。他最初的目标是——5年内发展成阿肯色州最好、获利最多的杂货店。就当时的情况来说，要实现这个目标，他的店必须达到目前销售额的3倍以上。于是他把自己的目标告诉了员工，并承诺如果目标达成，一定会给大家最为丰厚的酬劳。从此，店内所有的人都为此努力。山姆·沃尔顿发现，他的店发生了巨大的改变，从卫生、物品摆放或者服务态度等各方面，都提高了很多。没错，他的目标很快达成了，年销售额从7.2万美元直接增长到25万美元，所有的员工都拿到了让人羡慕的年终奖。这家店也成了阿肯色州和附近五个州内获利最大的零售商店。

沃尔顿后来又为他的公司制定新的目标。这一次，他把目标定为——4年内成为年销售额1亿美元的公司。

很多同行以为沃尔顿疯了，一个零售商店怎么可能达到1亿美元的销售额。但没到4年，他的目标再次实现了。不过，沃尔顿并没有停滞不前，他的目标仍在继续，而且也在不断实现着，于是才有了今天享誉全球的零售业巨头。

其实不只是沃尔顿，几乎所有的优秀领导者都会为自己的团队制定出清晰而明确的目标。比如杰克·韦尔奇，一接任通用电气总裁，便综合企业情况，制定了第一个目标——我们所服务的每一个市场，都要成为最好的公司。他还在公司内部进行改革，使其拥有了从未有过的发展速度和活力。

大量的成功管理案例向我们证明，一个团队，要想快速而顺利地发展，必须拥有清晰而具体的目标，它就好比航海路上的灯塔，为船只照亮方向。只要这个灯塔能一直亮着，那么团队之舟就可以满载而归；相反，假如灯塔忽明忽暗，或者灭了，那团队不仅无法靠岸，甚至还会有触礁的危险。

换句话说，团队要想持续发展，就需要一个明确的目标。只有清楚明白地确定了目标，团队才会有明确的方向。没有明确目标，会让团队无所适从，即便是听从管理者的安排，忙忙碌碌地工作，但团员们始终不明白自己到底为什么要做这件事，这样做的结果又会是什么？但如果明确了团队目标，每一个成员都为此努力，会因为完成了某个明确的任务而感到自豪。为了进一步满足这种自豪感，团员们必定会更加努力地工作，以此来完成更大的目标。我们可以闭上眼睛试想一下，那将是怎样一种振奋人心的场面！

不过，即便建立了明确的目标，我们也不能高兴得太早。要想实现这个目标，还有一个更为具体的问题——团队成员能不能形成统一的步调。

到底什么是统一的步调呢？具体来说就是为行动选择方案。

一般来说，一个团队为了达成目标，会提供很多种方案。每个人看待问题都有自己独特的视角，即便同一个问题，每个人所提供的解决方案也不相同。

事实上，很多团队在建立初期，都是情比金坚、无比团结的。可是随着团队不断壮大，慢慢就出现了分歧，事态严重的甚至分道扬镳。之所以出现这种状况，最大的原因是团队成员的步调无法达成一致。你按照你的方式办事，我按照我的想法来，虽然共同目标是要把团队做大做强，但在这样的情况下，共同目标怎么可能实现呢？

所以，作为一个团队的领导者，若是真心想把你的团队带得更加优秀，仅仅统一了团队目标还远远不够，还要对团队成员的认识和行动进行统一。如果你无法做到这一点，只能说你还不算是一个合格的领导者。

不过，统一行动和认识并非让你排除异己。有些管理者或许会有疑惑：我们既不能撒手不管，又要统一目标下的行动分歧，还不能搞"一言堂"，那我们到底该怎么办呢？

其实很简单，可以用沟通化解这个问题，这也是一名合格管理者必须掌握的技能。假如不去沟通，那团队成员很可能因持反对意见使问题得不到解决，最终产生抵触心理，甚至还会在工作时故意懈怠，连分内事都不做好，或者想方设法让已设计出的方案出"岔子"，以此来证明他的意见的正确性。所以，为了避免这种情况发生，管理者应该了解每个人的意见，然后将所有方案摆在桌面上，全团队进行大讨论，分析每一个方案的利弊，最终选定一个大家都认可的方案。不仅如此，还要对那些提出不同意见的成员进行说服鼓励，一方面给他们摆事实，讲道理，让他们从内心接受你的看法，另一方面鼓励他们再为团队多创佳绩。

设定目标的锦囊妙计

作为一个管理者，必须清楚地认识到，任何一个团队，都应该建立足够清晰的目标。目标确立后，还要保证实现目标的路径统一。在实现目标的过程中，每一点都不能马虎，因为它直接影响到团队的成败。因此，管理者必须花心思去关注每一个人的想法，并竭尽全力使每一个人都走在同一条轨道上。

 第三招

领 导

——好团队需要好领导

做学习型领导

随着社会的发展，当今早已成为知识经济时代，我们所做的所有事情都与学习有关。所以，要想获得更好的生活和工作，就必须时刻学习。对于企业管理者来说也不例外，学习对我们自身素质与能力的提高至关重要。

很多管理者仍然没认识到学习的重要性，自认为管理经验丰富就不需要学习了。殊不知，经验和知识之间并不能画等号，要想让自己的管理能力和工作技能得到更高层次的提升，既要学会从实践中总结经验，更要学习必要的理论知识。要知道，任何人都不是天生的领袖，只有坚持学习，才能让自己得到提升，最终成为学者型管理者。

李嘉诚，商界的一个传奇，是商场上有名的常胜将军。为什么他能做到这一点呢？难道有什么"取胜秘诀"？有人曾向李嘉诚提出过这个问题，李嘉诚笑着回答道："依靠知识，靠学习，不断地学习。"

李嘉诚小时候的生活是非常困难的，14岁那年因交不起学费被迫辍学，从此便失去了接受正规教育的机会，这也成为他心里永远的遗憾。但他并没有因此放弃学习，无论在何种情况下，他都不忘记读书。当年替人打工的时候，他充分利用休息的间隙"抢学"。后来，李嘉诚独自创业，获得了成功，成为富甲一方的商人，但读书学习的习惯始终没变。

这么多年，李嘉诚仍然保持着睡前看书的习惯。他的涉猎范围很广，比较喜欢看人物传记、医疗、政治、教育、福利等方面的书籍和新闻。虽然他每天的工作很忙，有时候要工作十多个小时，但利用休息的间隙，仍然坚持自学英语。一开始，他不知道如何发音，便聘请了一位外语教师。双方约定每天早晨7:30就开始上课，等课上完了他再去上班。慢慢地，李嘉诚的英语水平有了很大提升，竟然能独自阅读英文杂志。这让他感到欣喜，从此，无论是出差还是去参加世界各地的展会、谈生意等，他都不再带翻译。李嘉诚曾经说过："当今的知识经济时代里，即便你有资金，但没有知识，就无法获得最新的信息。那么无论你涉足何种行业，你越拼搏，失败的可能性就越大；但假如你有知识，没有资金，只需要付出就能拥有回报，并且成功的可能性很大。现在的情况跟数十年前完全不同，知识和资金对于成功所起的作用也不一样。"

俗话说："非学无以广才。"意思是不学习就不能增长知识、提高自身的才能。对于当今的管理者而言，好学不辍是非常重要的品质，而爱好学习的能力也是提高管理能力的重要保证。美国著名的管理学家罗伯特·卡茨曾说过："优秀的管理者应该具备三大能力：技术能力、人际能力和分析能力。假如将这三种能力比作管理者技能大厦的三根支柱，那么支撑这三大支柱的就是学习能力。"由此可见，学习能力对于提高自身管理能力是多么重要。

作为一名现代企业的管理者，不仅要具备广采博取、博采众长的能力，还需要时刻保持学习能力，有针对性地学习管理知识，提升自身素质与能力。而且，真正优秀的管理者从不将自己的水平和能力定位于满足一般的宏观性企业管理，他们会多方研究本公司的技术情况，对公司的技术水平、技术装备、技术力量等各个方面加以思考，并与同行企业进行有效对比，弄清自身企业的优点和缺陷，管理时做到扬长避短。

除此之外，管理者还应掌握本公司一两项关键性的生产技术，这样不仅能提高你在员工心目中的地位和威信，而且还能帮助你有效地解决管理过程中所遇到的实际问题。试想一下，假如公司在生产的过程中遇到了技术性问题时，你作为管理者，一出马就攻克了难题，而不是像普通管理者一样，把问题推给技术部门。那么，这样的管理者形象立即让下属们心生敬意。

在惠普公司，所有的管理者并非只是坐在办公室处理一些日常的事物，他们会定期给员工讲课。而讲课的内容非常广泛，无论是公司引进的新技术，还是公司的决策如何出台等，都可能成为他们告知员工的内容。他们说，之所以这样做是为了让员工从中学习解决问题的能力。对于这一点，阿里巴巴的创始人马云也曾说过："管理者应该做的事情是提出员工想不到的解决问题的方法，然后让他们自我反思'为什么我没有想到如此有效的方法呢？'进而促使员工及时自我学习，提高自己的工作能力。"

当然，"纸上谈兵"是没有用的，说得再好也不如付诸到实际行动。学习途径有很多，只要你愿意学习，无论在哪，都是你学习的"好地方"。

1. 向书本学习

古语有云："读书破万卷，下笔如有神。"企业管理者应该多看书，多学习书本中的知识。这并不是为了让你写出多好的文章，而是为了提高你解决问题的能力。至于工具书，那就更多了。还有相关的书、报纸、杂志等，都是绝佳的知识来源。假如管理者能够坚持读书看报，养成思考、总结的习惯，或许短期内觉察不到多大的变化，但从长远来看，今天你所学到的所有知识，必将作用于你未来的企业管理中。

2. 向实践学习

当然，读书并不是让你死读书，还应当学会将所学知识用于实践，在实践中进行自我锻炼，总结经验，最终达到自我提升的目的。俗话说："读万卷书，不如行万里路。"只要你想学习，任何人、任何事都有值得你学习的地方。例如与员工交流时，你可以学习员工的专业技能；与同行交流时，可以学习他的优点；跟客户了解情况，也有值得你学习的地方。所以，只要你放下管理者的"高傲"姿态，做一个真正的有心人，用谦卑的心态看世界，那么你的所见所闻、所经历的一切都将是你学习的源泉。

3. 向优秀者学习

优秀者就像一面旗帜、一个标杆。有的人工作经验丰富，有的人管理能力较为突出，还有的人思想见识比较卓越，只要你能虚心学习，取长补短，一定可以提升自己的综合素质。

当然，所谓的优秀者并不一定是比你"品阶"高的人，他可以是你行业的精英，也可以是你的下属，无论他们的职位高低，无论他们的学历如何，无论他们的年龄是否比你大，只要你觉得他们有优秀的一面，你就应该向他们虚心学习。

成就好领导的锦囊妙计

作为领导，只有不断学习，时刻提升自己的知识素养，才能做到与时俱进，带领自己的团队高歌猛进，才能把握时代发展的脉络。否则，逆水行舟，不进则退。企业的发展也是要遵循这个道理的，没有改革，没有进步，终究会被时代所抛弃。

学会管理自己的情绪

任何企业在发展的过程中，管理者都扮演着十分重要的角色。因此，为了企业能够长远而平稳的发展，管理者必须具备冷静、平和的处事态度。假如管理者遇事急躁，无法保持冷静、平和的处事风格，那么就很容易被不良情绪影响，从而影响自己与下属的关系，失去号召力，让团队丧失凝聚力。

很多管理者可能都有过这样的经历：自己因某件事心情烦躁，下属进来汇报工作，还没等下属开口，就直接给"骂"了出去。试想一下，假如你是这名下属，遇到这样的事情该多么委屈啊，上司分明把自己当作了"出气筒"。于是，下属因为你莫名其妙的斥责而陷入郁闷，甚至还有的下属心生怨恨，久而久之，就远离了上司。更有甚者，下属根本不吃你这套，当场吵起来。两个人越吵越凶，最终演变成办公室闹剧，不是你走就是他走。

试问，这难道就是你想要的结果吗？

王鑫在一家冰箱制造公司当副总，虽然他本身不是一个脾气暴躁的人，但偶尔也会因下属在工作中出现失误而发火。不过，他至今还因为几个月前的一次乱发脾气而懊悔，并用此事督促自己引以为戒。

那天早上，王鑫因和老婆吵架心情不好。上班的路上，他越想越气，仿佛看什么都不顺眼。终于到了公司，他那满腔的怒气仍然没有消散。王鑫阴沉着一张脸来到办公室，没想到一进门就看见销售部的王奇经理正和下属们围在一起聊天，顿时怒火中烧，火冒三丈。

他站在办公室门口，当着一群人的面训斥道："王奇，公司请你来是做事的，不是让你拿着薪水来聊天的！"要知道平日王鑫都会礼貌地称呼他为"王经理"，没想到这次却直呼其名，而且说话的口吻明显不对，这让在场的人都很意外。因为这件事，王鑫明显感觉到很多同事对他都没有之前那么亲近了。

原本是一件平常的小事，王鑫却因为自己的烦躁情绪把大家弄得不欢而散，影响了自己在下属心中的形象。那么，要想成为一个思想成熟的管理者，应该如何做才能具备超强的情绪控制力呢？

1. 给自己时常敲警钟，提醒不良情绪的危害

对一个企业来讲，管理者的情绪化，就如同瘟疫一般，具有极强的传染性，影响面极广，有时还会导致所有团队成员的身心不健康，精神崩溃。这样，我们来算一笔账，看看管理者情绪化到底有多大的危害。

首先，管理者情绪化必定会影响团队成员的工作效率；其次，管理者情绪化还会给团队和企业造成严重的经济损失，例如，优秀人才的流失。最后，每个人的情绪恢复都需要一定的时间，一般要一到三天。有些情绪化严重的管理者，其恢复的周期可能更长，多达一个星期甚至半个月。要知道，管理者在情绪恢复的这段时间内，必定没有心情工作，何谈工作效率呢？

所以，作为管理者，如果真心为你的企业着想，请务必学会控制自己的情绪，不要被不良情绪牵着鼻子走。假如你因为某件事而

生气，一定要及时地告诫自己，情绪化危害大。另外，要经常强调"公私分明"，为的就是要学会不因为工作之外的不良情绪而影响工作。一旦进到公司，就要告诫自己：我已经进入了工作时间，工作以外的烦心事到此为止。同时还要提醒自己：我的下属是来公司是工作的，不是我的"出气筒"。即便是下属工作失误了，也一定要找到比发脾气更好的解决问题的办法，不能让情绪随便流露。

2. 运用自我观察法控制不良情绪

所谓观察法，就是要求我们自身学会识别自己的脾气，这样才有可能控制它。喜欢看棒球比赛的人都知道，棒球赛中最激动人心的时刻就是击球手击出一记本垒打。棒球运动员在训练时，为了能够快速提高自己的挥棒击球技术，往往会录下自己挥棒的全部动作，然后对着视频进行自我观察和分析。他们借助这种方式，能更好地发现自己挥棒时的缺点，然后针对该缺点进行专门训练。哪个动作不到位，就会对其进行调整。美国著名的棒球运动员约格·贝拉曾经说过："我们通过仔细观察，可以发现很多事情。"同样，作为领导者，经常自我观察，也能发现自己的性格缺陷，成为情绪管理的高手。

那么，我们到底该怎样训练自我的观察能力呢？

第一步：深呼吸，让自己集中注意力。

只有注意力集中了，才能进行有意识地自我观察。首先，放慢呼吸的频率，进行一次深呼吸。因为你每次的深呼吸，都可以为大脑提供更多的氧气，帮助你激活理性头脑，让你能够集中注意力。如此反复几次，你会感觉平静了很多，而且也能够达到自我控制的效果。

第二步：在不良情绪状态下进行自我观察，看你是想逃避还是想对抗。

当你深呼吸后，集中注意力进行自我观察，你一定能清楚地感知到自己的想法：此时我是想对抗呢？还是想逃避呢？假如你想继续跟对方对抗，那么你的内心一定充满了愤怒，想斥责对方，甚至有想攻击对方的想法，内心独白往往是："全是你的错！""你真是太欠说了！"等。

假如你的想法是逃避，那么你的内心往往会充满负罪感和愧疚感，有些不好意思面对对方，内心想："让这件事快点结束吧""真想赶紧离开这儿"等。

成就好领导的锦囊妙计

作为领导，要学会管理自己的情绪，无论你的内心想法是什么，你都应该及时提醒自己：不良情绪会让团队和企业利益受损，而且还会影响团队成员的感情，让自己失去人心……以此来让自己保持冷静。

用魅力领导团队成员

作为一名领导者，如何才能带出优秀的团队呢？这就要求领导者具有较强的魅力，不仅体现在职位、声誉、业绩等方面，还体现在其他方面，比如，资历、品质、才能等。做一个具有魅力的领导者，用魅力去感染身边的人，让下属信服，从而心甘情愿地努力工作。那么，如何才能成为一个有魅力的领导者呢？

一个有魅力的领导者要有自信心，对下属信任并且给予他们足够的自信，你给予的信任会得到下属相应的回报，让他们对于未来充满希望。此外，一个有魅力的领导者还要具有很强的能力，能够帮助下属提升对于新形势的适应程度。魅力型领导并不擅长对未来作出预测，但他擅长对变革作出创造，可以提出具有新奇并附有深远洞察力的想法和看法。

一个有魅力的领导者要具有较深的资历，而资历深浅的评判也是有很多方面的，一是时间的长短，二是学历的高低。如果一个领导者在一个新企业就职，首先新企业注重的便是领导者的经历和学历，如果该领导者具有高学历，在企业中曾长期担任领导岗位，这样的领导者就会让下属产生敬重感，更容易被员工们接受。

作为一个魅力型领导，品质的因素也很重要，也就是领导者的道德、人格、作风等，要做到言行一致、诚实守信、公平正直、平易近人、敢于批评并进行自我批评等。领导的才能也是重要因素之一，它是领导者品质、智力、知识等的一个综合体，是领导者在实践中发挥出来的具体表现，它可以体现出领导者的观察、组织、判断、分析、协调、创新等方面的能力。

作为一个有魅力的领导者，还需要有丰富的知识经验，包括精通专业知识、管理知识等。因为知识能力强的领导者可以给下属一种信赖感，更能够成为一个具有魅力的人。

钱学森是我国的导弹之父，钱永刚（钱学森长子）在接受记者采访时讲起了钱学森的一件事情。汪成为是钱学森身边的一个工作专家。有一次，他与钱学森讨论软件的问题，聊过之后，钱学森让汪成为把他的想法写在纸上。第二天，汪成为把写好的关于软件工程和发展的文章放到了钱学森的办公室，但钱学森并没有看，而是笑着对他说："我给你念一首诗吧。"汪成为还没有反应过来，钱学森已经念起了诗："爱好由来下笔难，一诗千改始心安。阿婆还似初笄女，头未梳成不许看。"念完之后，钱学森便问这首诗是谁写的，汪成为想了一下说是清代袁枚的，说完之后便和钱学森说要把文章要回，重新修改。钱学森笑着说："你明白了。"过了几天汪成为将修改完成的文章交给了钱学森，钱学森认真地看了一遍，说道："这次你是认真了。"

钱学森的故事告诉我们，做一个有魅力的领导者，除了需要有高度的知识积累，还需要有一定的处事原则。领导对于下属要起到一个榜样的作用，这样领导的作风也会影响到下属的工作成效。汪成为作为钱学森的下属，能够积极进取，不断努力发展自己，是受到了钱学森的影响。企业中有一个具有魅力的领导，会让下属不断奋斗努力的。

魅力型领导要起到一定的带头作用，带领下属为企业创造效益；魅力型领导要比员工想得长远，具有前瞻性，要熟知企业的未来发展方向，并对企业的发展做出规划，带领员工克服发展中遇到的各种困难。魅力型领导要对自己具有足够的自信心，这样不仅可激励到员工，还能使员工全身心地投入工作。许多优秀的魅力型领导者即使在巨大压力下，仍然可以保持自己的信念。

魅力型领导并不是简单的一个名称，魅力是需要用行为表现出来的，通过一系列的行为展现出领导者的价值。魅力型领导需以自身为核心创造出一个形象，一个角色榜样，这能对下属起到一定的激励作用，激励下属努力工作，发挥出自身潜在的价值。魅力型领导还需将能力展现给下属，这样才能得到大部分甚至全部下属的认可，并追随其一起实现目标。

成就好领导的锦囊妙计

每一个团队的成功都是经过无数次的实践形成的，而团队能够发挥出巨大价值，一个很重要的原因就是拥有了一个魅力型领导。魅力型领导具有丰富的专业知识与工作经验，在品质上也高于其他员工，具有一定的处事原则和独特的管理方式等，这些都可给下属做出良好的带头作用，带领团队不断发展进步。

用放大镜看人，用望远镜看事

生活中有这样两种工具：一个是放大镜，一个是望远镜。我们都知道，放大镜的作用是把细小的事物进行放大，便于我们观察。用它看事物，无论多美你都能看到它的瑕疵。即便是那些貌似天仙、肤如凝脂的人，假如你用放大镜观察她，也必定能发现某个隐藏的痘痘或者雀斑等。

在生活中观察事物，如果不是必须观察得特别仔细，我们完全没必要使用放大镜。但对于工作而言就不一样了，该用放大镜的时候决不能"心慈手软"。因为对于团队来说，它是一个整体，就像一座金字塔，无论你有多么强大的管理者能力，你的团队成员都是你工作的重要根基。假如根基不稳，金字塔早晚要坍塌。因此，管理者除了进行自身素质的提升外，还应该从细节上管理团队，尤其是日常工作的管理，一定要保证决策得以贯彻实施。

望远镜的作用就不一样了，它是用来观察远距离事物的工具。望远镜看到的视野很开阔，也能让我们看得更长远。作用于管理中也是同样的道理。作为管理者，一定要纵观全局，用长远的眼光看待问题，因为小的错误也很可能引发大的问题。

所以，作为管理者来说，用放大镜对待团队成员，是因为这样能够促使他们注重工作细节，尽可能避免那些可以控制的细小错误；用望远镜的原理解决工作中出现的问题，能够帮助团队成员从根本上解决失误，而不是头痛医头、脚痛医脚这种治标不治本的解决方法。

其实，工作中的偶然和意外，除非真的是因为不可抗拒的外力因素造成的，否则，我们绝对能控制大多数的偶然和意外。那么为什么有人还会让原本可控的失误演变成悲剧性的后果呢？原因就是忽视了细节，对问题考虑得不够周全、细致。所以，无论是哪位经理人，都必须严格要求自己和团队成员，让大家学会用放大镜的原理去检验工作结果。

某企业做培训，培训开始之前，讲师在该企业领导的陪同下去参观他们的生产车间。在参观的过程中，讲师看到了一架斜靠在墙角的梯子，也可能是该企业担心大家不小心碰倒梯子被砸伤，在梯子的旁边还挂着一块牌子，上面写着"注意安全"。讲师当即告诉随行的企业领导者："我觉得你们最好把那架梯子放倒在地上，然后将挂在墙壁上的牌子换成'用完梯子请放倒'。"

该企业的领导不解地问道："为什么要这样做呢？跟现在的牌子意思不是一样的吗？"讲师笑着说："当然不一样。梯子斜靠在墙壁上，即便你做了警示，提醒大家注意安全，但它被刮、碰倒的可能性也很大。可是，如果你把梯子放倒在地上，那么几乎不存在被刮、碰倒的风险，而且还不影响梯子的使用，何乐而不为呢？"

企业领导听完讲师的解释后，立即派人解决了这件看似鸡毛蒜皮的小事。但它真的是小事吗？事实并非如此，试想，假如有员工碰倒了梯子，必定会造成砸伤，那被刮伤的员工不仅要忍受身体上的疼痛，而且还会影响工作。所以，你能说这是一件小事吗？

当然，或许有人觉得讲师有些小题大做，但生活中，多少安全事故不是因为忽视小细节造成的？例如仓库着火，就是因为忽视了地上未灭的烟头；报表作废，可能就是算错了报表中的一个小数点，而这甚至影响企业的整体决策。因此，无论是谁，工作时一定要带上"放大镜"与"望远镜"。认真仔细地检验工作结果，防止出现的小错误引发的大问题。

对于管理者来说，在使用"放大镜管人""望远镜管事"时应该注意哪些问题呢？

1. 将"用放大镜管人"和"用望远镜管事"作为自己的工作准则

其实，做领导无非就是管人和管事，但请记住这个原则：管事先管人，管人先管己。你作为管理者，要时刻对自己严格要求，对待自己的工作要有细节精神，要用长远和发展的眼光对待工作中的问题。简单来说，就是管理者要学会用"放大镜管自己"、管员工，用"望远镜去管事"、解决问题。

当你发现了一个小错误时，千万不能忽视它，因为忽视细节的结果往往是受到大错误的惩罚。假如你发现了企业中存在的某个问题，不要想当然地"治标"，必须要找出问题的根源和症结，要"治本"，从根本上解决，消除隐患。只有具备这种管理态度的人才能带领团队高效率运转。

2. 严格要求团队成员，保持注重细节的工作态度

一家公司的秘书给了该家公司总经理一份资料，总经理只随便看了一眼，就发现第二行有一个错别字。总经理并没有给她指出来，而是当即让她拿回去检查。类似的事情多了以后，秘书就感觉

有些委屈了。一天，总经理找她谈话，问她："你知道我为什么这么严格地要求你们吗？"

她摇了摇头。总经理继续说道："因为我们每个人的工作都关系着整个公司的利益，一个人工作出错，很可能连带整个团队的工作出错，而工作出错往往都是由小错引起的。假如我们平时能提高警惕，避免自己的工作出小错，那我们整个团队工作都会很顺利，你能明白这个道理吗？"秘书点点头，表示知道自己错了。

事实上，企业中类似的事情很多。平时工作中，管理者要学会用放大镜的原理去检查员工们的工作成果，同时也要要求员工们用放大镜自我审视。渐渐地，大家学会了对自己的工作负责任，工作中的失误会越来越少，团队的工作会更加到位。

成就好领导的锦囊妙计

好领导在管理员工、检查员工的工作时，会使用放大镜的原理，细心地检查工作中的每一个微小的失误；而处理问题时，就要用望远镜的原理了。好领导要做到统筹兼顾、考虑周全，用发展的思维去看待问题。

学会"放弃"功劳

有一个人，想在报纸上发表一篇文章，但因其自身缺乏写作经验，于是便邀请了一位写作经验丰富的老师帮忙修改。可是文章发过去很久了，那位老师也没有回应。那人以为对方可能不愿意帮忙，便将自己的原稿寄给报社了。没想到稿子寄出的第二天，那位老师便把修改好的稿子发过来了。这个人立即表达了对老师的谢意，可是考虑到原稿已经寄出，就没再把修改的稿子寄给报社。幸运的是，原稿竟然被录用了。后来，但凡有人问起他的稿子，他都会告诉人家，是那位老师帮忙修改的，是对方的功劳。

这种"适时放弃功劳的做法"也适用于企业管理中。管理者应该将功劳包揽在自己身上还是分享给下属呢？这两种处理方式结果可是大相径庭，直接关系到管理者是否能够赢得员工的信赖问题。

有这样一位管理者，他担任某地产集团的运营经理。有一年，他跟下属们共同奋战了两个月的时间，终于成功地完成了一个重要项目。没过几天，公司董事长前来检查工作，这位管理者滔滔不绝，当即揽下了这个项目的全部功劳，对下属们的默默付出半句都没提，好像是他自己完成了整个项目一样。董事长听完他的讲述，非常高兴，当场表扬了他，还给他许下了各种奖励。他高兴得脸上都乐开了花。但等他回过头看下属们时，发现大家都是一种愤怒的表情，脸上表现出不满。

事后，大家私下里讨论这件事，对运营经理的自私行为表示不耻。从此，大家再也没有以前的干劲，无论这位经理要求下属做什么，大家都是表面配合，能拖就拖，实在拖不过去了就胡乱交个方案。甚至还有下属亲自写信，向上级举报这位经理，揭发他工作中的各种违纪行为。结果上级派人前来检查，很快就把这个经理给罢免了，他不得不狼狈地离开了这个团队。

这个案例告诉我们，作为团队的管理者，不能因为贪图一时的功劳而失去下属们的好感和信任，最终葬送个人前程。案例中这位运营经理，之所以被狼狈罢免，除了他确实做了一些违纪行为外，还有一个很重要的原因，那就是他不懂得和下属分享功劳。他在董事长面前对功劳大包大揽的做法伤透了下属们的心，才使得原本忠于自己的下属站到了对立面，不仅消极配合他的工作，而且还亲自揭发他的违纪行为。由此可见，学会分享功劳对赢得人心十分重要。

当然，有时候管理者跟下属争功，并非都是因为自私自利，还有可能是因为"面子"。

某家企业的业务员小张接到了一张销售单子，对方客户公司实力很强，但他们的采购人员却十分难缠，不仅对采购价格斤斤计较，而且还提出了非常严苛的附加条件，使得小张迟迟拿不下这个单子，最后只能请上司帮忙出出主意。上司听完小张的讲述，给他提出了几点建议，小张照做后，竟然顺利地拿下了这笔大单。

很多同事表示羡慕，纷纷询问小张是如何搞定了对方难缠的采购员。小张兴奋地跟同事讲述拿下订单的过程时，上司恰巧经过，当着大家的面问道："小张，怎么样，还是我支的那几招管用吧！"
结果小张一脸尴尬，赶忙点头说："对，对，多亏了您帮忙。"

小张当面没说什么，心里肯定非常不乐意，毕竟在那么多同事面前，上司作为管理者，将功劳揽到了自己身上，让小张很没"面子"。

其实，即便上司不提这件事，小张也会默默牢记上司对自己的帮忙，对上司心存感激。但因为上司的"曝光"，让小张颜面尽失，他不但不感激上司的帮忙，反而会对上司失去好感与信任。所以，作为管理者，"揽功"前一定要谨慎思考，不要让自己的"揽功"行为给下属造成同他争功的印象。

既然不能跟下属争功，那么作为管理者，应该怎样对待功劳呢？

1. 功劳确实是下属的，就必须全部给下属

有些管理者，明明知道功劳是下属的，但他们却希望听到下属的奉承话，例如"都是领导指导有方"等，这完全是没必要的。俗话说"群众的眼睛是雪亮的"，功劳是谁的，每个人都心知肚明。功劳该是谁的就给谁。如果功劳本来就属于下属，即便你听到了下属的逢迎，你也应该直截了当地说："这都是你努力的结果，我祝贺你，希望你能再接再厉。至于我，真的没帮上什么忙。"这样一来，大家必定会觉得你为人正直，你在下属心目中的形象也会立即高大起来。

2. 即便是你的功劳，也要学会与下属分享

不可否认，很多下属之所以能够出色地完成工作，确实得到了管理者的帮助，而且这种帮助至关重要。对于这种功劳，即便管

理者完全归为己有，下属也不会有太大意见。但如果管理者懂得分享，甚至心甘情愿地把这份功劳"让"给下属，那是否就能得到下属的心呢？

有位车间主任在工作中细心地发现了一道有瑕疵的生产程序，影响了产品的合格率。于是他苦心琢磨，跟下属们互相讨论，针对这个问题提出了解决性的建议，并且被公司采纳了，最终大大提高了该车间的产品合格率。公司开会决定奖励给他2万块钱，但他却说："这个解决办法是我和班组所有成员共同努力的结果，我觉得这个奖金应该给我们全组。"就这样，这笔丰厚的奖金成为班组所有成员的活动经费。

这件事被其他部门的领导和员工知道了，都暗自嘲笑这位车间主任，认为他真是太傻了。可是到了年底评优的时候，公司根据各部门负责人的表现，要选择一名负责人接任副总的位置，最终这位车间主任获得了提拔。公司在给出公告时明确指出让他接任副总的理由为：懂得分享功劳，心系整个团队，具有全局观念。

3. 下属尽力了，但成绩不突出，依然要给他们记上一功

有时候，虽然下属没有做出什么太突出的成绩，但他们的确也对工作尽了心。在这种情况下，管理者应该给他们记上一份功劳。比如，上级过来检查工作，多替他们说些好话，或者说出他们各自独特的才华等。这样，下属自然会感激你的提携，服从你的管理，更加努力地工作，从而让你的团队更具战斗力。

成就好领导的锦囊妙计

做领导，不仅要有带领团队成员"猎杀"的技能，而且还要有将胜利果实进行公平分配的气量。换句话说，做领导就是要奖罚分明，不能贪功，而后者对于下属是非常重要的。因为从根本上来说，领导管理也是一种合作。如果领导总是自己居功，没有气量做到将功劳下分，那么下属跟着你也就没有动力了。

妥协更能彰显领导气度

企业管理，直接关系到一个企业未来的发展状况。很多管理者会想，既然管理如此重要，那我们必须要严肃地对待，力求做到尽善尽美，绝不睁一只眼、闭一只眼，要严肃以待。所以大家很容易犯这样一个错误——做"教父"型领导，眼里不揉一粒沙子。殊不知，管理就像一门艺术，更像一门哲学，讲究用智慧来解决问题。举一个简单的例子，就好比你手中抓了一把沙子，如果抓得太松，你手里的沙子会漏掉；可如果抓得太紧，沙子仍然会从手缝里漏掉。要想留住手里的沙子，就必须掌握力度，做到不松不紧才行。其实管理也是同样的道理，讲究一个"度"，既不能太过松懈，又不能太过严格。否则，管理效果一定不会太好。

有一个老板跟某培训老师聊天时抱怨道："老师，最近我的公司真是糟糕透了，仅仅一个月的时间我就辞退了17个销售人员。"

培训老师听完也有些吃惊地问道："为什么一下子辞退了这么多人？"

这个老板说："因为我发现这些员工不够忠诚，吃着碗里的，看着锅里的。他们在我的公司上班，居然还在外面做着兼职。不仅如此，还有一些更胆大的，居然拿着私人消费的票据来找我报销，甚至报销的交通工具费里的出租车票据都是连号的。我最看不惯的就是这种贪小便宜的人了，所以我这次彻查了整个公司的人员，只要发现了类似状况，一律辞退。"

后来，这个老板又抱怨说，现在的员工普遍素质都很低，要想招聘到让人放心的员工，真是太难了。

培训老师听完摇了摇头，告诉老板："我觉得，按你的想法和处理事情的方法来说，你今后不适合再招聘员工，你最适合的是自己单干。"

这个老板听完显然有些不高兴，困惑地问："你这话是什么意思？你觉得我做错了是吗？那我到底应该怎么做呢？"

培训老师说："我并没有指责你的意思，你最大的优点就是眼睛比较'毒辣'，可是你没把它用在正确的地方，你每天用它盯着员工的缺点，对于这些无关紧要的事情斤斤计较。其实对于你刚刚所说的员工在外做兼职的事情，你不觉自己应该反思吗？为什么你的员工会去外面做兼职呢？是不是因为你给员工开的薪水太少了呢？抑或者你的单位工作任务太过轻松，缺少激励，员工没动力……所有这些因素都应该是你考虑的问题。当然，我并不是说你处理得不对，只是你的处理方式太过严格。你或许可以试着提醒他们一下，他们肯定会有所收敛，而不至于直接辞退他们。关于员工报销票据的事情，我觉得如果不是太过分，你没必要放在心上。毕竟这些都是无关紧要的小事，每个公司都有类似的情况，你应该适当妥协一下。假如你每天都把心思放在这些鸡毛蒜皮的小事上，怎么可能有精力去做重要的事情呢？"

这个老板听完培训老师的话，若有所思地说道："的确，或许是我的做法有些极端了。我想我会吸取教训的。"

其实，企业管理人员不要总是对员工某类"小偷小摸"的行为斤斤计较。员工只要不是"惯犯"，偶尔几次"肥私"的行为，管理者可对其做适当提醒，比如用公家电话打私事。

当然，有些管理者本身属于理想主义者、完美主义者。在他们的认知里，世界非黑即白。他们认为，员工就应该忠于自己的企业，不允许员工有任何不当的行为。其实，世界除了黑和白以外，还存在灰色地带，很多员工不可避免地有些陋习。如果是无伤大雅的事，管理者不妨适当妥协，这样才能彰显出胸怀和气度。

公司开例会，销售部的胡经理向自己的老板提出了一个建议：禁止公司员工使用座机打私人电话，违者重罚。老板听完，对胡经理说："首先，非常感谢你能维护公司的利益，但是这个建议暂时不执行，因为公司不可能专门安排人员时刻监督员工都在做什么，这样既浪费人力，又浪费财力和物力。既然这项规定无法执行，那我们就不要宣布了，免得让员工认为我这个老板太苛刻，太不近人情了。"

胡经理有些不服气，继续说道："老板，我认为这是一种损公肥私的做法，这样的事情怎么能容忍它出现呢？"

老板知道胡经理的经历，笑着问胡经理："你父亲原来是不是在糖厂工作？"

胡经理不知道老板为什么会问到自己的父亲，便回答："的确，我父亲原来是一家糖厂的部门经理。"

老板继续问："那你小时候肯定没少吃糖吧？"

胡经理笑着说："当然，小时候我父亲经常给我带糖回来，左邻右舍的小伙伴都羡慕死我了。"

老板继续笑着说："你父亲作为糖厂的部门经理，有时都会从单位拿糖回家给你吃，可见要想完全做到公私分明，基本上是不可能的事情。俗话说'水至清则无鱼'，对于一些无关紧要的小事，你就不必太较真了。如果发现了类似的情况，适当提醒一下就行了。只要不占用电话时间太长，不经常打长途或者国际电话就可以了。"

果然，自从老板在会议上开诚布公地跟胡经理谈论了私用电话的事情后，员工们都自觉地约束了自己。偶尔出现用公司电话进行的私事都是长话短说，并没有给公司的正常业务带来影响。

不得不说案例中这位老板的做法是明智的，他知道员工私用公司电话的事情是小事，所以并不过于计较。他懂得过于严格的管理制度，不仅操作难度大，而且还会显得公司没有人情味。这样的做法只能是让大家有逆反心理，不利于凝聚人心，所以，对此类小事放宽松，只要不影响公司业务即可。

对于管理者来说，到底应该怎么做才能把握"妥协"管理的尺度呢？

1. 小事可以暂缓管理，不急于一时解决

某村的两位农民因为宅基地划分的事情出现了纠纷。两个人互不相让，只好请来村支书进行调解。但村支书跟二人讲了半天道理，却没人听。无奈，村支书只好说："算了算了，都中午了，各自回家吃饭吧，这件事改天再说。"

中午，村支书买了一瓶酒，拎着去找其中一位农民了。这位农民赶紧把村支书让到屋里吃饭，两个人边吃边聊天。村支书对他说："咱俩今天不扯别的，就痛痛快快地喝酒。"于是两人你一杯

我一杯地喝了起来。

酒过三巡，农民激动地说："支书啊！真没想到您这么看得起我，还带着酒来我家！您放心，以后，只要是您说话，我一定照办！我都听你的。"

村支书看这位农民都放话了，于是就把宅基地的事情按照规定跟他讲清了道理，最终妥善地解决了这件事。

虽然这是一件村里的"民事纠纷"，看似跟企业管理没有太大关系，但我们应该学习的是这位村支书的管理智慧。按理说，这是一件非常棘手的事情，如果不能妥善解决，两位村民势必会互相争执，甚至还可能打起来。但村支书及时遏制了事态的发展，他不急于求成，而是懂得将事情放一放，找准时机再去解决。

其实，管理企业也是一样。对于一些无关紧要的小事，我们不必立即做出处理，可以适当放一放再说，或许就能赢得转机。比如，员工之间出现的小矛盾，或者员工的工作出现了小失误等。对于这些小事，管理者不必急着去批评当事人，可以试着进行冷处理，也许问题就得到了顺利解决。

2. 小事无须挑明，装一装"糊涂"，给员工留足"面子"

在工作中，遇到一些小事，管理者要学会装"糊涂"。比如，员工利用你外出的时间浏览新闻，你一进来就慌慌张张地关掉了网页。虽然你看到了，但没必要当众批评。假装没看见，给员工留足"面子"，他自然知道你的"良苦用心"，一定会变得更自觉。假如对方实在不够自觉，相同的错误总是出现，你可以试着和他单独聊聊，相信他一定能够改正。

假如你不懂得装"糊涂"，总是因为一些鸡毛蒜皮的小事跟员工大动干戈，闹得人心惶惶，那最后谁还有心思跟你一起干呢？

 成就好领导的锦囊妙计

任何一个团队都存在牟取私利的个别人，毕竟这属于人性常态。作为管理者，如果每天跟员工为"小事"撕破"脸面"，闹得鸡飞狗跳，甚至将其直接辞退，那么你的企业必定无人可用了。

用"心"做个好领导

作为领导，最重要的事情是做好管理工作。一个好的领导，并不是他自己要做多少事情，而是他能运用自身的领导魅力，管理好身边的人，尤其是企业里的团队成员。

一般来说，领导好自己的团队，在于领导者以高水平的领导策略来管理好自己的团队，而管理好团队的核心，重点体现在管人方面。这里的"管人"，并不是硬生生地"管人"，而是领导者在用"心"做领导的过程中，于无形之中管理好团队的成员。然而，很多领导并不明白，反而把主要精力放在了做事上，同时把自己的队员看成是做事的工具，忽略了每个人身上所具有的特质。

英国的心理学家亨利·艾利斯曾经说过："优秀的领导有能力使他的下属信服，而不是简单地控制下属。"只有更好地掌握员工的心理，用"心"成为好领导，才能把员工凝聚在一起，充分发挥每一个人的工作积极性与创造性，最终建立起一支强大的团队，实现大家的共同目标。

一名合格的领导者，要懂得从心理上引导员工，彼此之间用"心"交流，最终让他们能够发自内心地敬佩你或者尊重你，从而为你所用。然而，在现实的工作中，大部分领导者都认为这是一件很困难的事情。但事实真是如此吗？其实不然，工作中很多细微之处都能体现出领导对员工的关心。

下面这个例子，或许能让我们有所领悟。

松下幸之助素有"经营之神"的称号，他曾经说过：他之所以能够成功，并不是因为他做了多少，而是因为他的团队做了很多！那么，为什么他能够获得团队成员的认可，能够让他们"死心塌地"地为他工作呢？

其实，最根本的原因就是松下幸之助懂得尊重员工，关心员工。有一次，松下带领自己的客人去一家西餐厅吃饭。随行人员每人点了一份牛排。等大家用餐完毕，松下告诉助理，让他去请做牛排的厨师，而且，他还特别叮嘱："一定要找厨师，而不是经理"。助理看了看餐桌，发现大家的盘子里都很干净，只有松下的牛排剩了一半，没吃完。助理心想，这下厨师可惨了，肯定是老板觉得味道不好，想叫来厨师训斥一顿。

助理没敢耽搁，赶紧把主厨请了过来。主厨知道这桌的客人来头都不小，因此小心翼翼地站在餐桌前，神情紧张地问道："请问，是不是我的牛排有什么问题呢？"

松下当即微笑着说："不是，你不用担心。你是一位非常出色的厨师，牛排也做得非常好，没有任何问题。只是因为我老了，胃口不好，所以只有我的牛排吃了一半。"厨师和餐桌上其他几位客人都面面相觑，不明白松下到底什么意思。

松下继续说道："我之所以让助理把你请过来，是因为我担心，当我剩下的牛排被送到厨房时，你会认为我不喜欢你做的牛排而感到难过。"

厨师听完，当即放松了心情，笑着说："谢谢您的理解，我会更加努力，为大家做出更美味的牛排，也欢迎您再次光临，品尝我的手艺！"

而餐桌上其他几位客人听完松下的解释，对他的人品也是更加钦佩，之后便更愿意与他合作了。

这个故事告诉我们，作为领导者凡事应该多为他人着想，小到去餐厅吃饭时对厨师的关心，大到对身边下属的内心感受。做到了这几点，管理者也就满足了员工的内心需求，会在一定程度上激发着员工的工作热情，这对留住员工，使其高效的工作有着直接的助益。

事实上，一个优秀的领导在管理团队时，都会把"心"放在首要位置。只有领导的"心"到了，能够去了解，甚至感受员工需要的东西，那么员工才会踏踏实实地追随领导者。一旦员工对领导者忠诚，那么在做事上，就不需要领导投入太多的精力，员工会自动自发地完成各自应该做的事情。当领导赢得了下属的心，让下属的心有地方安放，员工将会更勤恳地为企业、为领导、为自己工作，而这也能够促使员工在做事上更容易取得成就。

总而言之，要想带好团队，就要做一个"用心"的领导者，时刻让下属感觉到你的关心与尊重，这份"情谊"比任何物质奖励所产生的效果都要好上百倍。因为领导者的"用心"，能让每一位员工因感动而产生共鸣，因共鸣形成一股强大的团队凝聚力。当凝聚力有了，大家就有了努力的方向，而方向找到了，大家就会同心同德地向着同一个目标而努力。此时，发展企业，成就领导者的事业，也就是自然而然的事情了。

成就好领导的锦囊妙计

　　任何一个领导在带团队时，都不是一蹴而就的，需要领导用心经营，让员工从内心深处感受到领导的关心和人格魅力，这样一来，员工就会心悦诚服地追随领导。届时，领导再去激发员工的工作能力、工作潜能，以及实现自身的领导事业，都会变得易如反掌。所以，作为一名领导者，在带团队时，就从"用心"做个好领导开始吧！

把重点放在"带人"上

企业本身就是一个综合体，每一个员工都需要对企业的管理与文化去适应、去改变，做到在其位、谋其职、尽其责，并可享受相关的权益。企业的管理重点应该放在"带人"上，而领导对于团队要起到带头的作用。榜样的作用是大的，可以使员工有发展方向，有发展目标。领导在对待工作任务时不能仅仅交代给下属，要积极地参与其中，在工作中体现出领导的价值。团队领导者想要更好地带领团队，就需要经常与团队成员沟通，因为良好的沟通可以使团队更加和谐，更加团结。只有建立了一个良好的团队，才可使整个企业在发展中占据优势地位。而且领导者的专业知识要足够丰富全面，这样在管理上才会使员工信服，才会对整个团队的未来发展做出最全面的规划和设计。既有丰富的专业知识，还能对未来做出规划，这样的领导才能更好地带团队，并得到团队成员的认可与追随，使团队更具有凝聚力。

要培养团队的合作精神，除了沟通以外，还需要做些活动。例如有人在团队中升职了，可以在团队内搞一些活动，比如请团队成员出去旅游或者一起吃饭，这样可显示出个人的升职并不仅仅是自己的努力，还有团队成员的帮助。

领导者利用这些活动，可化解团队中的冲突，建立更加良好的关系，将整个团队紧紧地联系在一起。领导者还需要对团队成员合理授权，分配责任，给他们磨炼的机会。这样既可减轻领导的负担，也可锻炼团队成员的能力。作为一个优秀的领导，要给予下属足够的信任，要对自己带领的团队有足够的自信。在团队给企业带来效益后，要与每一个团队成员分享成果，对于要承担的责任，领导也应积极承担。对于下属要信任并尊重他们，让他们感受到对他们的信任，对他们的充满信心。

一个管理者所制定的计划对于培养良好的团队也有一定的影响，合理的计划会使员工积极向上；而不合理的计划，则会使员工产生消极情绪，对工作不认真，降低工作效率，产生劳而无功的结果。所以，领导者要为整个团队制定符合实际的计划，为员工创造一个积极的氛围，合理的计划会激发员工的工作热情，发挥出他们最大能力。

团队的力量是伟大的，可以将不可能变成可能。作为一个领导者，制定出适宜的计划，会激发团队工作的积极性，让团队成员不畏艰难，努力实现目标。由此可见，领导者如何带领团队是至关重要的。

领导者要培养员工的团队精神，因为任何的成功都离不开团队成员之间的合作，成员之间要彼此信任，彼此依靠，同时彼此独立。在团队中，每一个人都是团队的一部分，将个人的力量融合在一起，就能将每一个人自身的价值发挥到最大。

员工的发展决定着企业的发展。队员之间交流要真诚，团队成员共同出力，将各种思想汇集到一起，表现出团队开放的沟通权，以及合作信任。团队成员要相互理解相互接纳，要展现出团队强大的能力，如果领导者只顾自身发展，忽略集体的力量，那么领导者的发展之路也会变得异常艰难，因为每个人都是独立的个体，但是发展需要大家的共同努力。

团队是一个整体，团队的利益要高于个人利益。作为整个团队的领导者要平衡其间的利益关系，做到公平公正，使每一位团员都能享受到应有的权利，承担起相应的义务，促进团队的健康发展。团队成员间要做到彼此尊重，而领导者要给每一位员工平等的机会，让每一位成员都有发展的空间。

 成就好领导的锦囊妙计

每一个企业的成功都不是一个人促成的，需要每一位员工的努力。所以企业的发展重点要放在"带人"上。领导者要带领出更加优秀的团队，而团队的强大能使企业变强大。企业带领出越来越多的人才，就能为企业的发展打下基础。而员工在工作中如能努力工作，既发展了自身，又能给企业带来更大效益。

"护犊子"的领导

对于企业领导者来说，要学会在紧要关头替下属做"挡箭牌"，这样不仅能使下属免受责罚，而且还能彰显你的气度，凝聚人心、鼓舞士气，最终让你赢得下属的支持，强化团队凝聚力。

著名的管理学培训专家余世维曾经对该问题做过专门阐述，他以自身的经历作为案例来分享给大家。有一次，余世维的公司打算进口50辆豪华轿车，销往国内市场。余世维早就跟国外的供应商谈妥了条件，就只差签个合同。钱一到账，对方就会按时发货。余世维觉得这很简单，便将此事交给了下属去办。下属临行前，他还特别交代了一句："咱们公司需要的汽车必须是前窗可活动型的。"

没想到，快要交货时下属慌慌张张地找到余世维，说："余总，大事不好了。"原来，下属在签合同的时候，忘记了余世维嘱托，并没有告诉供货商他们公司要的是"前窗玻璃都是活动型的轿车"，而供货商发来的全部都是前窗固定型的汽车。这可真算是重大的失误了，要知道这可是"50辆豪华汽车啊"，下属早已吓得面色惨白。余世维知道下属已经知道错了，当即安慰道："你先别慌，这件事我来处理。"

余世维第一时间将此事汇报给董事长，董事长听完非常生气地问："如此蠢的事情到底是谁干的，赶快把他给我找来！"

余世维赶忙认错说："对不起，董事长，这一切都是我的错，是我一时疏忽，最终导致了这样的错误。我愿意承担全部的责任，同时正在想办法尽快解决此事。"随后，他向董事长做出承诺：假如不能将这50辆车销售出去，任凭公司处置。

既然做出了承诺，就一定要兑现。为了销售这50辆车，余世维挨家挨户地推销，最终让自己和部门所有人免受处罚。这件事让下属们十分感动，每个人都对余世维充满敬意，下决心在他的手底下好好干。

事实上，每个人都难免在工作中出现失误。这些错误既有下属的责任，也有领导者的责任。比如领导者对工作交代不清、指令不明，或者对下属督促不力、用人不当等。

那么，无论是谁的错误，面对工作中的失误，领导者应该如何处理呢？

部分领导者在发现问题时，往往不问缘由地批评下属，甚至还会对下属进行处罚，美其名曰"根据制度来"。这部分领导几乎忘了，这份错误或许还有自己要承担的责任。真正智慧的管理者从不这样做，他们往往会先分析事情出错的原因，反省自身的过错，必要时会主动揽下过错，替下属做挡箭牌。

这样的处事风格既是工作中实事求是、权责一致的完美体现，同时也彰显了领导者有担当、有责任感的品质。最为关键的是，这样的领导者不仅能赢得下属的信任和尊重，而且还能促使下属及时地自我反省、自我提升，从而更加认真地对待工作。

那么，什么时候领导者应该站出来，替下属做"挡箭牌"呢？

1. 领导者决策失误，导致下属工作出差错时，应主动揽过

领导者好比一部影片的导演，下属则是拍电影的演员。演员拍电影时，表现不到位，角色扮演得不好，与导演的指导有直接的关系。如果导演在确定剧本的基调、主题、情节等方面出现失误，演员再敬业，也不能避免影片上映后恶评袭来。这个时候，导演如果把责任全部推给演员，指责他们演戏能力不行，那显然有失公允。正确的做法是，导演应该及时承担责任，这样才能避免失去人心。

另外，领导者在交代各项任务时，因分工不明确，导致工作交叉或出现空白地带；或因交代不清楚，下属理解出现错误，执行出现跑偏，领导者都有必要承担责任，甚至应该承担主要责任，这才是一个合格的领导者应该做的。

2. 领导者督察不力，导致下属出现差错时，应主动揽过

身为领导者，除了交代任务，还有督察的责任，这是决策实施过程中重要的一环。但现实管理中却经常会出现这样的情况：一是领导者对下属过于信任，疏于指导和督察，对工作完全放手，结果导致下属执行不到位；二是领导者责任心不强，懒得督察，交代任务之后，不理不问，或下属工作中出现难题，也不管不顾。如果是因为这些情况导致下属工作出现失误，领导者应该勇敢地站出来承担责任。

对于这一点，李嘉诚作为成功的企业家有着独特的见解。当然，这也归功于他少年时代的成长经历。

据说，少年时代的李嘉诚曾在钟表店做学徒。他刚到钟表店时，做事情总是小心翼翼，生怕被师父责骂。即便是这样，也总有出错的时候。

一次，李嘉诚不小心弄坏了一块价格相对较高的钟表，他垂头丧气地去跟师父认错，同时静静地等待着师父的责骂。然而师父并没有责骂他，反而安慰他"没事。"第二天，东家来检查工作，发现了这块"被弄坏的钟表"。李嘉诚等待着惩罚，以为自己可能要被辞退了。没想到，师父立即站出来，说这是他的责任。

后来，师父把这块钟表修好了，这件事也就不了了之了。

有一天，李嘉诚和师父聊天，说起了这件事。李嘉诚对师父表示了自己的感激之情。师父毫不在意地说："其实这没什么，你知道吗？技术总有学会的一天，但师父和徒弟最大的区别应该是师父要敢于承担责任。"

这件事对李嘉诚的影响很深。他曾经无数次告诫自己的管理人员："既然是师父，就要做出师父的样子，懂得承担责任。"

由此可见，作为一个领导者，如果不懂得主动承担责任，那么必然不是一个合格的管理者。这一点在很多企业管理中都非常常见。比如部门之间的互相推诿，出现问题总是先从他人身上找原因……这样做的后果往往会让员工感到厌烦，感到失望，而问题自然也不可能得到迅速解决。

3. 领导者用人不当，导致下属工作出错，应主动揽过

任何一项工作的顺利实施，都离不开知人善任。领导者在分配工作时，首先要了解清楚工作的性质、难易程度等各种问题，然后再根据相关条件寻找合适人选。切忌乱用人才，错用人才。否则，

工作不但没有效率，而且还容易出现错误。而如果因为用人不当导致下属工作出错，领导者完全有必要站出来承担责任。否则，不能服众。

 成就好领导的锦囊妙计

　　为下属做"挡箭牌"，表面上对领导者不利，实际上却能赢得团队成员的信任。下属对领导者信任，有利于在团队中营造相互信任、相互支持、相互谅解的氛围，形成相互激励、相互推动的工作风气，下属也易放下思想"包袱"，敢于放开手脚工作。

第四招

制 度

——好团队的行为约束

好制度才有好团队

如果企业不按制度办事，在某一阶段或许能勉强发展下去，甚至还有可能发展得很好，但从长远的角度来看显然是不行的。因为一个没有制度的企业，秩序混乱，工作起来也很难有效率。其混乱的具体表现为：职责划分不清、工作流程混乱、各部门间协调不力、各部门及员工各自为政等，这些势必会削弱整个团队的凝聚力，从而影响团队的工作效率。因此，作为企业一定要有完善的制度，用制度管理员工，用制度促进发展。

"老干妈"的创始人陶华碧女士在企业的经营过程中，很早就意识到，只靠"人治"是行不通的，必须制定合理的规章制度，以制度来管理公司。因此，她任命自己的长子李贵山来大力推行制度管理。

军人出身的李贵山，受军队严格纪律化的影响，养成了按规矩做事的观念。进入"老干妈"管理层后，首先整章建制。他经常把新规章制度读给陶华碧听，陶华碧听到重要之处时，就会站起来发表评论"这条很重要，要制定得更具体一些。"当然，每当她听到不妥之处时，也会立即指出，然后再让李贵山修改……如此反复，直到陶华碧满意为止。在李贵山严格的制度化建设之下，"老干妈"最终达成并实行了制度化管理。公司制度宽严并济，奖罚分明，凡事皆按制度实行。自从制度化管理实行之后，"老干妈"的经营和发展又迈上了新的台阶。

"铁打的营盘流水的兵。"尽管企业员工的流动像水一样，有不断加入企业的，有陆续离开企业的，但只要公司实行了科学化、制度化的管理，无论人员怎样交替流动，完善的制度都能对企业的发展起到保护作用。反之，如果企业没有科学合理且成文的制度化管理，那么，这一批员工自觉、好管理，管理者能带领他们创造更好的效益，下一批员工不自觉、不好管理，企业就可能遭遇很大的危机。

更具体一点来说，怎样才能用制度管理企业呢？

1. 制定可操作的企业管理制度

企业的管理制度，就像是游戏中的游戏规则，管理者一定要让每个员工清楚规则的细节，哪些行为是规则允许的，哪些行为是规则不允许的。如果员工不理解规则，管理者必须要清楚地告诉他们规则为什么要这样制定，为什么要遵守规则，遵守规则与建设团队有什么关系，与企业效益有什么利害关系等。只有员工明白了这些，他们才知道遵守规则的重要性。日本东芝公司生产的电子产品很受消费者的欢迎，其中有一个很重要的原因就是，东芝公司对工作间卫生的要求近乎苛刻：女员工禁止擦粉，男员工禁止留胡子；工作期间，不允许大声说话、咳嗽、打喷嚏，以防扬起尘埃，使产品质量下降。

这一制度出台时，有些员工表示不理解，擦粉、留胡子、打喷嚏与产品质量有什么直接关系，但经过公司管理层的耐心解释后，员工们明白了这样规定的意义，以后都能认真地执行。

2. 制度不能仅有规定，还应有对应的处置方式

相应的处置措施一定是伴随着制度一同出台的，没有处置措施，只有制度规定，这样的制度是毫无意义的。如果有人违反制度，却没有相应的处置规定，员工就会觉得制度遵守与否无所谓，反正也不会受到处罚，这样制度就失去了它应有的威严。

制度应该是一个烧红的火炉，不触则已，触之必伤。只要有人违反了制度规定，相应的处罚要马上到位，让其明白制度的威严。美国格利森齿轮机床厂，对员工制度管理就有十分严格的要求，尤其在安全生产方面。该公司规定，只要员工进入车间，必须把安全措施做好，例如佩戴好安全眼镜，穿规定的硬底皮鞋，领带必须放入衬衫里等，不论是谁，不遵守安全生产制度，都将受到相应的处罚。

制定好制度的锦囊妙计

高明的团队管理者将制度比作"拧螺丝"，虽然拧紧螺丝的过程很难，也很费力，但只要能咬紧牙关坚持住，必定能收到良好的效果。而制度一旦形成，团队需要按照既定的制度严格执行，管理就会轻而易举实现。

团队制度不容侵犯

毫无疑问，人是组织的主体，而制度则是保障秩序不发生混乱的基础。所以如果想要把企业运作好，建立一套完善的制度是首先需要做的事情。如果没有完善的制度，组织会是一盘散沙。因此，这就要求我们这些管理者，要带头制定、遵守、尊重制度的权威性，要让全体成员明确了解制度内容，让他们看到"不守规矩"的后果，同时奖罚分明，以保证政令畅通，制度落实到位。

有句老话说得好，"国有国法，家有家规"，既然制定出各种规章制度，就是让人去遵守的，所以"怀柔"政策是绝对不行的，因为它达不到制度想要的效果。在这方面，英特尔的管理层是我们学习的楷模。

英特尔从创立阶段就对"制度"非常重视，每一项工作都有明确的规定。这从每天的上班制度上就能明显地看出来。英特尔公司规定，员工在8点之前必须到单位，8点零5分以后到的人就要出现在"英雄榜"上，背负着迟到的"罪名"，即使有些人强调昨天加班到半夜，也不可被原谅。虽然这跟20世纪70年代的美国所奉行的享乐主义背道而驰，但时至今日，始终如一。

英特尔公司严格的管理制度并不仅限于此，无论是制造、工程还是财务部门，甚至是行销部门，都有着十分明确的规章制度，这些规章制度就是每个人的工作准则。许多公司以人性化管理为重心，将重视员工作为自家口号，而英特尔公司则坚持着"制度胜于一切"的管理方式。

在这种制度的管理下，英特尔公司的发展也是日新月异，现已成为世界上最大的半导体公司。

这就是制度的重要作用。只不过时至今日，"制度就是那么一回事，没有必要去较真"，仍是许多管理者的想法。但事实是：管理者不较真，员工就不认真！基于此，西方管理学家提出了"热炉法则"，它的核心在于，假如有人违反了公司的规章制度，无论原因是什么，都要让他受到相应的处罚。就像一个人碰触了被烧红的火炉，虽然是不小心，但也免不了会被烫伤。

这和正面奖赏等强化手段截然不同。它属于反面处罚类管理手段。但二者的目的是一样的，都是为了促使下属能够更好地服从管理，激发出他们更大的工作潜能。由此可见，对于管理者而言，适当地参考"热炉法则"还是很有必要的。

1. 预警性原则

一个烧得通红的火炉摆在那里，只要这个人不傻，必定知道不能触碰，一旦接触就会被烫伤。

这烧红的"火炉"就好比规章制度，让它清楚、明确地摆在那里。作为管理者，虽权力在握，但切记不可忘乎所以，必须对规则要敬若神明，并让员工看到，你也是企业的一员，也要时刻警惕那通红的"火炉"。一个团队，只有做到自上而下的管理，才能谁都不敢为所欲为。

2. 必然性原则

当有人触到了热炉，无论他是谁，无论以何种方式触碰，都肯定会被烫伤。换句话说，团队中的任何人，但凡触犯了制度中的任意一条规定，就一定要受到相应的处罚，对于这一点我们绝不能手软。然而，事实上在某些时候，"树上有一只鸟被打死，其他九只鸟却吓不跑"。这些"傻鸟"就是抱着一种侥幸心理，自以为摸了"热炉"，也不一定会被灼伤。管理者必须彰显出制度法规的权威。借此抑制违规现象，给那些散漫之人更多地"教训"，让他们明白"火炉"的温度，自然不敢再伸手了。

3. 即刻性原则

只要有人触碰热炉，便立即被灼伤。这应该成为企业不变的法则。在团队的管理中，如果有人做出了错误的行为，惩处必须及时进行。因为，要想铲除管理中的"毒瘤"，务必做到"除恶务快"。

4. 公平性原则

无论什么时间、什么地点，无论是谁，只要触摸了"热炉"，就会被烫伤。"热炉"没有任何"弹性"，"伸手必被捉"。所以只要做到一视同仁，也就没人敢再去触碰"热炉"了。

"巨蠹虽深，兽知所避；烈火至猛，人无蹈死。"要想制度和监督有约束力，管理人员必须让"热炉法则"发挥出应有的效用，使"作奸犯科"者真正受到惩处和震慑！那么，作为团队的管理者，在制定相关的规章制度时，应该注意哪些问题呢？

首先，不能手软。但"不手软"并不意味着你可以滥用职权，用粗暴的方式对待下属，显示自己的威信，这样反而会激起下属的逆反心理。对待下属，可以严厉，但要时刻记住"公道"二字。对任何下属的处罚都应该有理有据，同时还应该让他们明白制定这条制度的意义所在，为何要采取这样的处分，以及处分过后能够产生什么样的效果。要知道，执行任何规章制度，最根本的目的是为了保障团队工作的有序进行，并非处罚本身。因此，及时地向下属表明你对他的信任和期望是很有必要的一件事。当然，这就要求管理者，在处罚完员工以后，一定要立即肯定他的工作价值，要以向上的激情去鼓励他，消除他对处罚的怨恨和不理解。

其次，加大对制度的宣传与学习的力度。"规定就摆在那里，大家都知道，何必整天强调它呢？"这是许多人的想法。事实上，这种想法是错误的，加大对制度的宣传、学习，也是十分必要的。另外，作为管理人员，以身作则是必要的素质。如果你自己都做不到遵守规章制度，等于告诉别人，制度只是摆设。

制定好制度的锦囊妙计

在管理中，管理者不能只做个"老好人"，你好，我好，大家好，那不是管理，要按制度办事，要"不讲情面"，这才是管理。因为从某种程度上讲，严格地执行管理政策，能让组织高效地运行。所以，作为管理者，要以"铁手腕"，按制度严格执行既定的规章制度。

"法不责众"真的对吗

"法不责众"似乎已经成了当今社会的办事准则。所谓"法不责众",就是指当某项行为不合法时,因人数众多,法律不能予以全部惩戒。现今,虽然在法律上早已否定了"法不责众"的观念,但是它依然存在于现实的企业管理中,而且还对我们制度的执行产生了一定的影响。

相信很多员工都遇到过这样的情况:团队中普遍存在违反制度的行为,但因为违法者人数众多,最终只能"从宽处理"。大家看到这样的情况,纷纷效仿,原本老实本分的员工也开始出现应付工作的消极态度。因为在他们看来,大家都一样,反正领导也不能处罚所有人。假如我乖乖听话,反而成了"软柿子",还要受到其他同事的嘲笑。"自古以来法不责众,集体犯错不叫犯错!"这样的思想逐渐泛滥,久而久之,团队乃至企业便开始走下坡路了。

诚然,"法不责众"的思想流传已久,但是,如果多数人都犯错,甚至还造成了很严重的问题,那么管理者应该怎么做呢,继续放任自流吗?很显然,答案是否定的。如果放任自流的话,那就是对公司、对员工,甚至对自己的不负责!那就是渎职!是愚昧!现如今,执法理念已经发生了根本的改变,随着社会的进步,法治观念逐步深入人心。如果我们今天依然守着"法不责众"的老观念,最终只会沦为笑柄。况且,为了企业更好地发展,管理者用尽心思去完善企业制度,为的是什么呢?不就是要让员工能够更好地规范自己的行为，管理自己的工作吗？如果制度形同虚设，那后果将会如何呢？所以，管理的依据必须是完善的、成体系的规章制度，依章办事，就成为榜样，就要得到奖赏；而错的一方，无论人数多少，都应该受到惩罚。当然，有些居心叵测之人可能会以某种方式"蒙骗"大多数人，以"多数人都如此做"为借口进而提出无理要求，在这种情况下，管理者无须妥协，因为制度管理是发展硬道理。

　　某地有个工人盗窃了厂里的木材，数量虽然不是很大，但性质很恶劣。有一天，厂长发现了这个问题，便提出要严肃处理。大家念着平日里的交情，纷纷为他求情，然而厂长却不肯妥协，坚持要按照规定处理。这时便有人站出来说："少数服从多数嘛。"厂长立即否定了这个说法，理直气壮地说："并不是我不通情理，厂规制定时，是大家共同协商的，而且是大多数人都同意的。既然如此，就要服从大家制定的这个规定，而不是在这里为犯错之人求情。"

　　大家听完，便不再作声。而那名偷盗的工人受到了厂规的处罚。刚开始，大家仍认为厂长太过严苛。可是自此之后，厂内发生偷盗的事情越来越少，大家开始以制度为原则了。

　　还有一家商店，店面虽小，但因为地理位置绝佳，以为会赢利，然而几年来却因为经营不善连年亏本。新管理者一上任，便决意大力整顿。

　　营业员们再也不能像以前一样逍遥、散漫了。新管理者上任后制定了一系列规章制度，反对之声四起，新管理者被孤立了。但他说到做到，坚持原则。短短两年，小店转亏为盈。当年终奖金颁发的时候，一个原来经常在上班期间打毛衣的员工，而且也是新规定的"反对者"说："嗯，还是新规定好。过去上班打毛衣，一个月顶多打一两件，现在这些奖金买几件羊毛衫都有富余了。"

倘若案例中以上两位管理者都选择了听从多数人的意见，对违反制度者不进行处理，不做整改，结果会怎样？企业的不良风气定然会愈演愈烈，偷盗者会越来越多，懒散面会越来越大，规范和纪律会成为空谈。到那时，团队的领导者势必难辞其咎，威信扫地，这才是真正的失败管理者！所以在这里提两个醒：

1. 法"应当责众"

通过种种案例表明，任何团队的规章制度在执行的过程中都会触碰到某些员工的切身利益。如果"法不责众"成为行事准则，那么就意味着将冲突交由管理者全权处理，较之规章制度，更倾向于"人治"，这极有可能会令下属对已成型的规章制度产生怀疑，已建立起来的秩序有可能会因此发生动摇。所以，只有"依法办事"才能保证规章制度的威严性和可实施性。

2. 法"应善于责众"

"法治应包含两重意义——已成立的法律获得普遍的服从，而大家所服从的法律又应该本身是制定得良好的法律。"这是古希腊伟大的哲学家、科学家、教育家亚里士多德曾经说过的一句话。换句话说，作为管理者一定要讲究"良法善治"，即不但要严格执行所制定好的规章制度，而且要注意出现责众问题时，寻找正确的解决方式与方法，毕竟一切制度的制定是本着"以人为本"的原则，这样才可能使造成的伤害及导致团队不稳定的因素降到最低。

大家应该知道，作为任何管理者制定的策略，都会有反对者。其中不乏对新策略不了解的人，当然也存在因为反对而不执行的人。这种时候，管理者一定要"耐得住寂寞"，扛到"胜利"的那一刻。

对于那些不了解制度的人，可以对他们晓之以理、动之以情，使他们的观念发生转变，从反对者变成拥护者；而对于那些反对而不执行的人，只要坚守制度就可以了。

总的来说，要想真正剔除"法不责众"的观念，必须加大团队管理力度，严惩"违法分子"，才能使团队保持真正的和谐，使团队的风气能够持续地积极向上，使团队制度的尊严能够得到保护。

制定好制度的锦囊妙计

作为团队的管理者，不能包庇或者维护任何违反制度的人。只要有人违反了团队制度，不管他是谁，也不管涉及多少人，都应该做出相应的处理，绝不能姑息、偏袒，更不应该因牵涉的人数多而心慈手软、手下留情，甚至是听之任之，更不能纵容那些心怀叵测的人，否则，他们会打着"多数人都是这样"的旗号变本加厉自己的错误举动。

制度健全才能有效管理

"打天下容易，守天下难"。曾经有机构做过一项调查，国内的中小企业仅有不到3年的平均寿命。小企业容易夭折并不是个例，百年老店有时也容易耗尽生命力。那么，导致这些企业发展受阻的根本原因到底是什么呢？其实很简单，根源就在于企业管理，说得更确切一点就在于企业是否采用了制度化的管理。

举个例子来说，当几个饥饿的人分一锅粥时，如何分粥便成了痛苦的事情，因为每个人都想吃多点、吃饱点。最初，他们决定轮流分粥，于是每天只有一个人吃得饱，那便是分粥的人。后来，他们决定让一个大家都很敬重的人来分粥。于是，其他人便开始挖空心思讨好这个人，把整个团队搞得乌烟瘴气。最后，大家还是决定所有人轮流分粥，但分粥的人必须拿最后的一碗粥。为了避免自己吃的那碗粥最少，大家只好尽可能地平均分配。自此，分粥之争才告一段落。

简单地分粥亦能产生诸多分歧，到了企业管理这种复杂而繁琐的事情上，其中的问题就更多了。因此，必须要有合理的制度，不能完全靠老板和几个管理者实施"人治"，毕竟"人治"的水平有高有低，有局限性。高水平的管理者，可能把企业管得井然有序；但如果管理者水平低，就可能把企业搞得乌烟瘴气，甚至有可能将到手的"江山"葬送。

杜邦公司在成立之初，对个人英雄主义非常崇拜，尤其是亨利·杜邦在做管理者的时候。他是一位较为专断的管理者，哪怕是非常细微的决策都要独自决定，例如签发支票、签署合同等。当然，在他任职的39年里，杜邦公司取得了很好的管理效果，公司发展得也很好。

但这种成功并不意味着杜邦公司有完善的企业制度，而是因亨利·杜邦超强的个人能力才让该公司得以快速发展。

到了1889年，亨利·杜邦去世后，他的侄子尤金接手了公司。由于他管理经验欠缺，能力不足，使得公司的效益不断下滑，差一点将杜邦带入绝境。此时，杜邦家族意识到问题的严重性，开始大胆改革，直接改变管理模式，启用了全新的集团式经营体制。在这种管理模式的引导下，杜邦公司设立了执行部门，而杜邦家族也彻底放权。同时，杜邦公司不再依靠传统的"人治"，而是实行制度化管理。这种科学的管理化模式使得原本走下坡路的杜邦公司再次恢复了生机。

由此可见，随着时代的发展，决策权过于集中的缺陷会慢慢地浮现出来，毕竟几个人的精力和智慧是有限的。杜邦家族后来也到了单个人的管理很难适应变化的市场时候。因此，为了解决出现的问题，杜邦公司决定权力下放，设立了更多的分部，由分部代替总管理者执行权力，而这一次变革使杜邦公司再一次获得大发展。

杜邦公司能长盛不衰，不在于由谁管理，而在于采用何种管理制度。如果仅仅依靠"人治"，必然会受限于个人的能力，产生的管理效果虽不同，但不能让企业壮大持久。而启用相应的制度管理则会产生不断发展壮大的效果。它会让所有的员工都能依制而行，整个公司也能在相应制度的规范下运转得越来越规范。所以从这个角度来说，严格、合理的制度是企业健康发展的保险栓。

如果说管理是树木，制度就相当于滋养树木的土壤。只有肥沃的土壤，才能让生长出来的植物更加繁茂。那么，什么样的制度才算得上是肥沃的土壤呢？

1. 完善的规章制度

完善的规章制度是规范企业、约束员工的有效手段。如果想让管理走向规范化，把管理者从烦琐的事务中解放出来，为员工提供舒适的创造空间，那么建立完善的规章制度是唯一行之有效的方法。

著名的英特尔公司，在发展的过程中，把制度的完善性就看得非常重要，公司各个方面的制度规定得非常清晰。从组织制度、人才制度、薪酬制度，到考勤制度、办公制度等，都规定得清晰明确。

英特尔公司的各项其他管理制度也很严明，包括制造工程和财务部门也都有清楚的规范，每个人必须以这些规范为准则。如果谁逾越了这一规则，就会受到制度的处罚。英特尔公司与很多公司强调人性化管理不同，它最强调的就是制度，认为这是胜于一切的标准。

可以说，英特尔公司的强大，与其完善的制度紧密相关。因此，我们不要总是羡慕那些强大的公司所创造的巨大财富，也应该借鉴它们完善的制度体系。

2. 维护公平

维护公平是制度不可或缺的一项重要作用。制度对公平的体现就是：每个人在制度面前必须是平等的！每个人都要严格地遵守，它就像一条高压线，谁都不能轻易触碰。制度公平的体现还在于奖罚分明，只有通过奖优罚劣，才能激励大家积极进取，为公司贡献自己的力量。

3. 要有"服众"的规章制度

制度的好坏与否，能否得到执行，关键要看制度能不能"服众"，因此，在制定制度时，公司必须要集思广益，还要参考和借鉴其他公司的优秀经验。在这方面，丰田公司是我们的榜样。

丰田公司在制定制度时，对员工们的意见非常重视。为此，他们在厂子里设立了130多个绿色意见箱，还为员工们准备了统一的意见纸。这样管理层不仅能更加全面具体地了解公司的情况，而且还能在这一基础上，针对公司存在的问题制定行之有效的制度。

丰田公司的管理层认为，制度的制定要因地制宜，而企业的真实情况和具体的现存问题，只有通过广大员工的参与和反馈，管理层才能得到更全面地了解。这种做法不仅可以集思广益，同时还体现了对员工的重视，使公司的制度不断完善，使员工对公司的制度更加认同和遵守。这非常有益于企业实行制度化管理。

制定好制度的锦囊妙计

作为管理者，一定要明白为什么要制定完善的制度。因为它可以帮助企业更快地成长，帮助管理者规范每一位员工的行为，让员工按照既定制度做事，减少因人情或关系等原因而产生的工作失误。

善用问责制

在现代企业管理中，经常会出现一些混乱现象，比如，某些团队成员，甚至也包括团队管理人员借助职务之便为自己谋取私利等，这就造成了企业另外一部分人的利益受损，有失公平，这样的问题若得不到解决，就好比有了一个糜烂的大洞，留不住人，创建不出好的企业文化氛围，也不能打动投资人，内部外部都会出现问题。

问题出现了就要付诸行动去解决，可是从何处入手去追究问题的责任，又回归到人的身上。从决策到管理再到执行，层层下发的任务，中间出现纰漏后互相推诿，最后找不到责任人，或是高层直接拿下面的人作为"替罪羊"，这样的情况必须要防范和杜绝。

而问责制是一种好方法，那问责制到底该如何设置呢？

首先，权责分明。岗位设置及岗位责任明晰需要做到公平公开，某个环节出问题，要找到相应负责人承担责任。

其次，采用"连坐"制度。团队是一个整体，一人犯错，其他人要或多或少承担责任，这样的方法可以增强大家的集体荣誉感，也可以起到促进互相监督的积极作用。在具体实施中，应就问题的具体情况有所区别，这个判断标准如同司法审判，是根据当事人失职情节严重性来进行划分的。

再次，权责统一。权利有多大，责任就有多大。决策者获得较高权限范围的同时，对于整个事件发挥的效用也就相应更高。出现问题后，即使不是决策问题而是实践中出的差错，也有决策者考虑不周的过失，项目的最高决策人也应该承担大部分责任。一是由于最高决策人具有承担大部分责任的能力；二是最高决策人有着承担过失的义务。

最后，细化制度条文。如果只知道追究责任，不知道怎样追究责任，那么这样草率的问责制就注定成为一句空头口号。细化制度条文才能让法有所依，责任追究起来才可以有理有据，不至于缺乏说服力。条文的细化需要描述具体，对于责任归属应分别讲清。问题的考虑往往是通过企业成长经历经验来不断完善的，所以条文的内容项目会常有补充，尤其是在发展中的企业，它们的制度也是随之发展起来的。为了保证问责制度相关条文的有力实施，可以设置监督机制，以监督来产生制衡力量，使企业可以更稳定健康地成长壮大。

问责制度是一项以理服众的制度，可以带给企业人员相对公平合理、秩序井然、方向明确的工作环境氛围。那么，如何实施问责制度，将其效用较好地发挥出来呢？

1. 了解制度

这里所说的了解制度不仅仅是要了解企业本体的问责制度，还需要从一个广阔的制度定义范围逐步缩小到了解问责制度及公司现有其他制度。这样可以有一个宏观的概念，对于制度实施的把握有着很强的参考意义。

2. 思考制度

企业制度本身就是借鉴前人经验以及企业自身成长经历而建立起来的。对于前人经验的借鉴，企业往往会选择一些较为经典的内容和构架，所以这部分制度条文，领导者或制度建设者主要考虑的是它们与企业本体的适用性问题。如果在考虑中发现一些具体问题有不适用之处，可进行调整。对于企业根据自身成长经历而设定的制度条文，虽然是亲身经历，却难保会有片面性，领导者或制度建设者应该跳出本体，客观全面地去审视该制度，对于其是否谬误需要做出正确的判断。

3. 问责必究

既然已经确定了制度的权威可行，就不应在实践中犹豫妄断，一旦有责任事故发生，立即追究责任并不做理法外的宽延，这就是问责必究的实践原则。问责必究如同法律中所说的违法必究，这是一种法的力度，强制力的表现，也是权威的表现，它在问责实施过程中对于制度执行力的顺利生效有着重要的意义，是问责制实施工作中的重要原则。如果问责必究这一点被打破，则企业的制度就会逐渐失去约束力，企业会向着涣散无中心的方向倾斜，所造成的后果不可估计。

4. 防患于未然

与其出现问题后解决，不如做好问责制度教育，让企业工作人员清楚职责，明确处罚条文，共同监督，互相提醒，增强制度意识和任务达标的目的意识。企业的制度教育是在问题还没有出现之前防患于未然，通过指导沟通，让员工们具有更强的集体意识和责任感，可以强调"连坐"制度及职业道德内容等。这样的制度教育可以让企业工作人员更好地开展合作，防止纰漏的产生。另外，集体制度教育给予所有员工的公共制度信息应是公开的，合理的，获得大多数员工的赞赏和认同的。如果打开员工的言论自由权利之门，还有可能从员工处得到更多的建议和创新点子，从而拥有更多提高的机会。

另外，教育中要讲究榜样示范作用。作为领导，对于下属员工做出榜样也同样具有相应效用。领导主动承担责任，多为员工着想，这不仅可以增加自己的威信和信用，让员工由衷地信服你，还能让自己成为一面有责任感的旗帜，时刻提醒自己的责任与职业道德。

领导实施问责制，不妨以自己为靶向，这也是问责制运用中的一点技巧，既可以让不负责的员工受罚而吸取教训，又不会让他们因此心生怨怼，对工作消极应对。

除此之外，在问责制之下，企业管理必须要严格，但也不能过于生硬，需要在理法之外动用一些领导的沟通技巧，下面就领导带团队提一些建议：

以退为进，让员工主动承认过失，担当责任；

以问定责，让员工发现自己失责，心服口服；

以信待人，让员工认识到问责的重要性和实效。

问责制作为一种制约不规范行为、保证合理秩序井然实施的责任追究制度，对于企业及企业中个人及团队的发展都有着积极的意义。

制定好制度的锦囊妙计

在制度确立的情况下，以坚定的态度、全面的考虑将问责进行到底，树立人人有责、权责分明、权责统一的责任意识。从培养有责任感的员工到塑造有责任感的企业形象，企业会因为制度的不断完善而大获成功，从而获得一片广阔的天空。

好的薪酬制度是团队的希望

现如今，在市场经济全球化和我国经济高速发展的大环境下，许多企业都得到了快速的成长和发展。但与此同时，管理水平的落后，使企业在管理中也出现了不少的问题。其中，人力资源首当其冲，于是总能听到做管理的人抱怨："现在头儿可难当了，不仅人不好招，招来的人还总是留不住。"但你如果去问他们原因，他们又大多说不出个所以然来。其实，他们并不知道，不重视薪酬管理是导致人才流失严重的一个最关键因素。

在国内，很多企业缺少合理而规范的薪酬制度；没有科学合理的薪酬设计；也没有稳定、完善的薪酬框架。这些问题，可能在企业的起步阶段，尤其是对于小型企业而言，并没有很大影响。但是随着企业的不断发展，规模的不断壮大，它的弊端就凸显出来了。简单来说，不规范的薪酬制度，会直接引发企业管理中的"格雷欣法则"现象。

英国经济学家格雷欣发现了一个十分有趣的现象：即有两种流通的货币，虽然它们的实际价值不同，但名义价值相同，而所谓的实际价值较高的货币，也就是我们所说的"良币"必然得退出市场。当然，它们也许会被收藏、熔化或者输出国外；但之前实际价值比较低的货币，也就是"劣币"，则充斥着整个流通市场。人们把这样的现象称为"格雷欣法则"，也叫"劣币驱逐良币规律"。

目前，几乎所有的企业都存在和格雷欣所叙述的现象相类似的情况，尤其是在薪酬或人力资源管理方面。出现这种现象最根本的原因就是"优质优价"的原则并没有充分体现在薪酬管理方面。高素质员工由于对薪酬心怀不满，使得高素质员工的绝对量，特别是相对量下降，很多高素质员工不得不另谋高就；而另一方面的表现为，外部高素质人力资源对企业吸纳诉求不积极，这时候便需要有更多低素质员工去填补那些因高素质员工流失所空缺的工作岗位。

诚然，我们并不能将该现象完全归结于"格雷欣法则"，毕竟，高素质员工流失可能是因为在该岗位不能学以致用造成的；也可能是个人价值与所在企业的文化难以弥合造成的等。但人力资源管理的"格雷欣法则"，确实是导致高素质员工流失的重要原因。具体表现为：

其一，在旧的人事与薪酬制度中，很多低素质员工的工资甚至要比高素质员工的工资高，最终导致了高素质员工的离开。

其二，在旧的人事与薪酬制度中，即便是高素质员工的薪酬比低素质员工的工资高，但和员工对企业产生的价值不成正比。这是很多企业中高素质员工被"驱逐"的主要原因。这对于企业而言绝对是有百害而无一利的。

某家电企业集团老板想要进军手机领域，便开始高薪四处挖人。为了展现自己的诚意，每逢看中某个人才，该老板便亲自出马，甚至三顾茅庐，给出极具吸引力的薪资。

有一次，该老板以年薪几十万从某研究所挖来一个所长，这个所长也不负期望，一年中为公司研发出了很多款式新颖、质量上乘的产品。但不可否认，每个人的能力都是有上限的，再加上此公司并不能为员工提供学习的平台，所以随着时间的流逝，这个所长的业绩开始有所下降。按理说，这是很正常的事情。

谁知，这时候人力资源部人员找这个所长谈话："老板看重你的能力，虽然对你现在的工作成绩不是很满意，但认可你对公司的贡献，不会开除你，需要适当的降薪，否则对其他员工不公平。"

结果很明显，这个所长直接离职了。这个所长离职后，这家企业的手机业务受到了极大的影响。

由此可见，设立合理的薪酬制度是极为重要的。而在设立薪酬制度之前，管理者应当：

1. 树立科学的薪酬观

在现代企业管理中，员工素质提高、企业兴旺发达的一个重要标志，就是员工薪酬的提升。聪明的管理者都会通过科学薪酬的提升来提升员工素质，让企业进入效益提高的良性循环中。

2. 把薪酬调查作为企业薪酬管理不可忽视的环节

管理者应当把薪酬调查作为企业薪酬管理不可忽视的环节，尤其是企业核心员工的薪酬调查。这一点是不可忽视的。试问，员工出来工作的主要目的是什么？没错，一定是挣钱，也就是要求薪酬高。那么，当自己的薪资低于外界甚至本公司的平均水平时，换作是你，你会怎么做？答案显而易见。所以，我们不仅要了解竞争对手核心员工的薪酬水平，对其他行业核心员工的薪酬水平也应有较为广泛的知晓，这样能及时地对员工的薪资待遇进行调整，以免他们不安心工作。

3. 为员工提供有竞争力的薪酬

有竞争力的薪酬，能使员工一进企业便珍惜这份工作，竭尽全力地把自己的看家本领使出来。也就是说，对于人才，企业可以通过为其提供高于业内平均水平的工资把他们吸引过来，留为己用。这对于管理者而言，是付出很小但收益却很大的事情——因为员工会用自己的能力为企业创造高出薪酬数倍的效益。

4. 重视内在报酬

我们应该了解到，员工不仅希望在工作中得到工资、福利、津贴和晋升机会等外在报酬，还希望取得工作任务本身的内在报酬，比如说对工作的胜任感、成就感、责任感、重视感、个人影响力、个人成长和富有价值的贡献等。对那些知识型员工来说尤其如此，所以管理者必须要重视这些与员工的工作满意度密切相关的内在报酬。可以通过工作制度、员工影响力、人力资源流动等政策来管理报酬，让员工能够从薪酬上对工作获得最大的心理满足。

5. 让员工收入和技能挂钩

可以将员工的能力作为基础，针对个人建立起技能评估制度，据此确定员工的薪酬，由技能最低到最高划分出不同等级的工资标准。这种评估制度会引导员工更多地关注自己本身的发展。

此外，执行薪酬制度的管理者，还要注意遵循以下几个原则：

（1）公平性原则

制定工资制度时，管理者首先需要考虑的就是员工对于工资分配的公平感，也就是对工资发放是否有公正的判断与认识。这里的公平性包括三个方面：要保证本部门工资水平与同类部门的工资水平基本持平；要保证本部门中相同工作的员工工资水平也要不相上下；要保证员工的工资与其在部门中所做出的贡献相匹配等。

（2）激励性原则

在管理员工的工资水准时，管理者应适当地拉开工资差距，由此来体现出员工在工作岗位上所做出的贡献。具体来说，应该根据员工平时的表现来适当地调整他们的工资，也就是我们通常所说的绩效考核。

（3）经济性原则

工资制度不能不受经济性原则的制约，虽然提高工资水准的确有提高竞争力的激励性作用，但同时也会引发人力成本上升的问题。不过，我们要通过工资水平的高低，还有员工所能取得的绩效水平，来综合考察人力成本。事实上，提高薪资水平对企业员工所起到的激励作用往往要比成本因素大得多。换句话说，企业能够在市场中站稳脚跟，最关键的因素就是员工的工作热情和工作态度，而薪酬的多少则是影响员工工作情绪的直接原因。所以，作为管理者来说，不能因小失大，既不能过多地计较员工的工资给多给少，也不能大手大脚，随意地给员工涨工资。

制定好制度的锦囊妙计

　　管理者需要认识到，让员工觉得自己的付出与回报成正比，这是让员工竭尽全力工作最行之有效的方法。

 第五招

授 权

——好团队不是管得多，而是管得少

做领导要合理授权

合理授权的积极意义也是多方面的,一是可以通过将部分自主权分配给下属而充分发挥下属的工作积极性,铆足干劲去完成自己的工作,避免管理者的领导思想给员工施加过大的压力;二是通过合理授权的手段降低下属对管理者或者公司高层的依赖思想,如果凡事都不进行独立思考,只是做领导的"传达"工具,那么下属的创造精神和解决问题的能力都会有很大的欠缺;三是通过授权可以提高工作效率,下属具有部分自主权就不需要任何事情都上报到高层领导,会减少一些工作程序,节约时间从而提高工作效率,并且可以避免错过一些难得的机遇。

一位成功的企业家曾分享自己的管理经验,即不能只满足于管理者自身有权威,下属员工也要有权威,要学会往下放权。在现代大企业的管理中,管理者的事务是十分繁琐的,要经营决策,也要指挥领导,如果一切事务都由管理者来进行管理,必定会因为工作任务太沉重而难以做好部分工作。因此合理授权在企业管理中是十分重要的。

我们从两个事例来说明合理授权的重要性。

市场上出现了一种前景广阔、未来收益巨大的专利技术产品。一家企业的销售人员了解到这项产品后,想买回来进行批量生产,但也存在这种产品可能无法经过市场考验的失败风险。这位销售人员在一阵犹豫之后决定请示领导，但是由于请示领导错过了购买时机，这项专利技术被一家竞争企业买走，并且在之后的运用中获利匪浅。

机不可失，失不再来，这个企业由于没有给下属一定的权力，在商机面前还要花费时间向上级报告请示，因此错过了盈利的好机会。当然了，也有成功的企业管理者合理地对下属进行了授权，抓住机遇发展公司。

某企业的领导在决定了参加某商品展销会的人选之后因为业务出差外地了，把日常工作和一些事务都交给了他的助理。不巧的是，在商品展销会召开的前一天，领导确定的参加会议的销售经理因病无法参加。但是商品展销会是必须要有代表参加的，这位助理想让一位他一直觉得很有能力的年轻销售员去参加，但又有点不放心，想请示领导又来不及，最后这位助理还是让那位年轻销售员去参加了。事实上，这位年轻销售员十分有实力，在展销会上表现得十分出色，还做成了好几笔买卖。

上述两个企业的案例告诉我们，企业的兴旺发达不是靠管理者一个人的力量能做到的，只有运用好"将能君不御"的管理原则，给予下属一定的自主权，让他们能够见机行事，把握机遇，才能使企业不断发展，繁荣壮大。

国外一位著名的心理学家曾说过："压力就像一根小提琴弦，没有压力，就不会产生音乐。但是，如果琴弦绷得太紧，就会断掉。你需要将压力控制在适当的水平——使压力的程度能够与你的生活相协调。"授权的程度和施加给下属的压力是成正比例的，也就是说,管理者授给下属的权力越大越广泛,下属承担的压力也就越大越沉重,因此如何保证授权的合理性就显得十分重要。

当今时代是一个竞争尤为激烈的时代,只有合理的分工、适当的授权和友好的压力环境,才可以充分发挥出员工的潜力,使企业不断发展壮大。当然,一旦进行授权,压力也就随之出现了。如何正确认识压力并成功克服,进而利用好压力的推动作用,也成了许多管理者需要解决的问题。授权程度的适度与否,也是管理者失败或成功的关键因素之一。失败的管理者把授权带来的压力看作是一种额外的负担,不仅做不好权力的分配工作,员工压力的处理问题也不能很好解决;而成功的管理者则是把这种压力看成是一种可以用来激励员工的有利资源,使企业更好地向前发展。当今时代,是一个超强竞争的时代,一时不经意的松懈,就有可能陷入被无情地淘汰出局的局面。

现代企业的管理者应该充分认识到压力的有利性,充满压力的环境可以在不同方面锻炼员工的能力,使综合素质良好的员工发挥出他们最大的潜力,为企业的发展做出更多的贡献。为了创造出这种适合锻炼员工的压力环境,授权的合理性必须要充分保证,一是根据员工的实际能力进行权力的分配,既不能"大材小用",也不能给不合适的下属过大的权力;二是要考虑到员工的未来潜能,通过员工的过去工作情况对其潜力进行合理的预测和评估,给予稍微超出其实际能力的权力,以此来激发出其潜在的能力。

但管理者绝对不能忽视的一个方面就是人的压力承受能力是有限的,也就是说,不能简单地通过授予权力给员工施加压力,并且不断提高要求、强化监督,同时对于员工的心理状况和情感态度不闻不问,使员工由于工作任务的沉重变得压力过大而难以前进。

职业压力过大，会使员工的缺勤率、离职率大幅上升，对于工作的主观能动性和积极性降低，这些对于企业的长远发展都是十分不利的。因此，管理者要不断分析自己的授权制度是否存在需要修改的地方，对企业内部的压力环境要进行考察，并且认真评估每个员工的承受压力程度，避免出现员工不堪重负的状况。

能否将压力转化成强劲的动力也有员工自身的因素在里面，例如有些能力较强的员工不能有效地缓解由于授权带来的压力，过分强调办事效率或者工作满意度，反而不能达到预期的工作效果。因此，管理者对于员工的引导工作也是十分重要的，要调整员工对于压力的看法，引导他们对压力进行正确的认识，疏导他们的压力，从而激发出他们的干劲，将压力转化成一种前进的动力。

古人说："用人之道信为先"，用人不疑，疑人不用，以此稳定人心，进而得天下。这个"用人之道"不仅适用于古代，在现代企业的管理中也是十分适用的，尤其在授予权力的特殊环境中会显得更加重要。授权自然要对员工充分信任，即使知道目前他们的能力可能还有些不足，但一旦授予了权力，就要给他们最大的信任和支持，而不是处处干涉，处处防范，这样只会使员工渐渐失去工作的积极性。

信任是企业管理者凝聚人心、发挥员工最大潜力的法宝，只有充分信任你的授权对象，员工才能够放开手脚去做事，去为公司创造效益，也只有这样，才能让他们忠诚地为公司尽心效力，整个公司才会关系融洽，没有猜忌和怀疑，使公司茁壮发展。

如果授权之后不信任下属，对于下属的工作能力不放心，对于他们的工作处处干涉，处处牵制，那么就会大大挫伤下属的工作热情和主观能动性，这样带给公司的损失是十分巨大的。授权者和被授权者之间其实是一种对弈的关系，授权者在考察被授权者是否足够忠诚和尽心，被授权者也在观察授权者对自己是否足够放心，从而对未来的工作态度和办事策略进行预想，采取相应的对策，决定是否继续尽心工作还是自觉告退。

不少从业者都有过这样的感受：在知道领导怀疑自己的能力或者忠诚度的时候，会觉得十分气愤，会进行理论。如果领导还是保持怀疑的态度，那么其工作热情就会大大衰减，同时也丧失了工作积极性，不再愿意尽心尽力地为公司工作。所以，领导者一定要对被授权者充分信任，给他们创造出一个适合工作的好环境。

对于被授权者的充分信任就是不断排除来自各方面的议论和干扰，不动摇对所授权员工的信任，在这种困难又充满挫折的环境下，领导的信任对于下属来说无疑是一种莫大的鼓励和支持。但是这里所说的排除干扰不是被所授权之人蒙蔽双眼，完全听他的片面之词，领导者依然需要辨识能力，知道自己是否应该信任此人。

做好授权的锦囊妙计

以信任为基础，在某些具体涉及根本利益的事情上要保持怀疑的态度。授权者和被授权者之间不可能存在百分之百的信任，领导者不宜过多干涉员工的工作，但也要保留最低的底线，这样的管理关系才是最合适的。

分散权力，总揽大局

如果要处理一件棘手的事，很多人惯用的思维方式是化整为零，逐个击破，将事情分级处理，这样将棘手之事就变成分散的容易解决的小事了。管理团队又何尝不是这样，这里"化整"就是权力。合理利用职权，各司其职，必然提高工作效率。

但是一些管理者的思维比较狭隘，在他们的理解里，权力必须集中起来，如果将权力分散下去，自己的决定权将被削弱，于是将所有决定权揽在自己手里，这样一来无非是让所有的事务都得走一个很长的流程，大大降低了工作效率。而且这也会让管理者非常烦躁，找不到重点。但一些明智的管理者就不一样了，他们非常清楚，授权不等于将权力移交给别人，只是根据工作的分工，各自处理好部门的事务。管理者是作为一个总揽全局的角色，在重大事务前做出授权的抉择，从这个角度来看，有很多正面的好处，即员工有什么能力做什么事，授权无疑能最大限度地激发团队的协作能力和战斗力。

德国的贝塔斯曼集团是一个文化媒体的巨头企业，他的下属子公司企业高达几百个，在全球50多个国家和地区都有分布，并开展一系列业务，其中就有以媒体为主的音乐、电视、书刊等领域。这家公司涉及的国家和产品领域非常广泛。而支撑起这家公司良好运营的必要条件就是有一个优秀的管理者和一个完美的管理模式；当然了，还有一个优秀的团队。

一位记者在采访贝塔斯曼集团的总裁君特·迪伦先生时，询问了他对公司的管理制度和管理方法。迪伦先生对这一问题是这样回答的："我们公司的管理制度与一般公司不同，我们采用的是松散式管理模式，每个下属企业和部门都是各自负责，企业内的投资、人事、产品等问题都有自己的决策权。而总裁和各个企业的高管只是对主要事务和企业发展方向进行决策。对于下属的企业具体经营策略和日常事务不会过于干涉。而且在每个下属企业的中上层管理人员不会刻意对员工设立太多规则，如果有项目需要实施，管理人员只会给出具体目标，至于如何实现达成目标，管理者不会进行干涉。这一做法让员工深刻地感受到了上司的信任，因此大大提高了员工的建设思想，同时提高了员工的工作积极性和创造性，一举两得。"

"成功的企业领导是有一套成功的管理机制的，他不仅是控制权力的高手，也是授予权力的高手。"这句话是著名的管理专家彼特·史坦普所说的。授权的意义就在这里，把百分之八十的执行事务分放给下属去办，而掌权者只需要负责百分之二十的决策性的大事。这不仅让员工的价值得到了体现，能力得到了认可，而且在激发员工潜能的同时，也最大限度地提高了公司成员的团结协作能力和办事效率。

在这里有三个授权原则，需要管理者注意，即如何在权力下放的同时，还能总揽全局。

1. 逐级授权原则

中层管理者及中上层管理者都应该知道，他们手里的权力都是有限的，每个人所负责的部门和项目不一样，他们的权力也不一样。但面对给下属员工授权时就必须注意了，首先不能越级授权，应当将自己的权力直接授予下属员工。如果出现了越级授权的情况，会直接扰乱了各个管理者间的权力秩序；比如，某下属员工不按级别越级按某位管理者所传达的任务命令行事，出现了问题，或者对公司的利益造成了损失，那他应该找谁负责？越级授权会加大团队内部人际矛盾的可能性，对公司的团结协作和工作效率造成很大的影响，甚至会间接影响公司的发展。 但是一些公司并没有处理好这个问题，在他们的企业管理中，发生越级的情况很常见。

某公司管理者李总对他的下属说道："小王，这周有个重要客户，你周三去应酬一下，争取公关成功，拿下这笔非常重要的订单。"小王问："张总（张总是李总的下属，也是小王的上属）同意了吗？张总这两天叫我负责这个月上市的产品宣传活动策划。"李总说："你得分清楚工作的主次，产品宣传活动策划你先放一下，先去把那个非常重要的客户拿下再说。"

管理者李总的这种做法就是越级授权了，他本来应该把这个事情直接交给张总，然后张总去合理安排人员，因为这个部门是张总在管，人员分配，谁适合此次公关自然是他最清楚。李总的做法不仅让张总的下属小王感到很为难，也让张总的权力直接被架空，很容易削弱了他的威信，对整个团队的凝聚力造成不好的影响，直接导致了下级各成员工作交接和交办无法按时进行，工作内容也无法保质保量地完成。所以当我们谈到授权的时候一定要记住逐级放权的原则。

2. 权责一体原则

管理学中有一句名言,有多大的权力就有多大的责任。当管理者将权力分放给下属时,不仅仅是将权力授予下属,还要赋予这个权利一定的责任。因为权利和责任是一体的,当下属在接受上级的授权时,同时接受了相应的责任。如果事情没有处理好,肯定要对此负责。这样不仅防止了下属滥用职权,而且还能增进下属的责任感和担当责任,从而尽心尽力地进行工作。

下属的员工被上司授权后,理应对上司负责,通过逐级原则依次对各级负责,这样最高层的管理者就拥有了实在的管理权,最终实现了权责统一、总揽全局的目的。

3. 抓主要、放次要原则

诸葛亮被大众认为是智慧的化身,但是在政务管理方面他有一个致命的弱点,《三国志·诸葛亮传》中有一句"政事无巨细,事必躬亲"。就因这一点把他拖垮了,凡大小事务,诸葛亮都亲自过目,亲力亲为,最后累出劳疾。这就是诸葛亮没有做好"详略得当",没有找到事务重心,没有做到抓主要、放次要造成的。

在许多的企业管理中,也有很多这样的管理者,他们害怕把大量事情交出去后,下属会处理不好,甚至会造成很大的损失。于是,不管大事小事,他们都想管一管,问一问,凡事都想抓一把,而这种做法往往会让他们感到无比劳累,力不从心,甚至找不到工作的重点与方向。在这样的情况下,下属员工轻松了,老板把所有的事情都做了,自己无所事事,工作的责任心也会随之大大降低,积极性也没有了，企业真的是得不偿失。

授权主要是为了能把工作合理分派，给下属权力就等于给了下属责任，合理分配工作，才能把工作做好。而且，授权也是为了更好地调动整个团队的主动性，下属有权利了，自己得到了认可，才有信心将工作的积极性调动出来。管理者需要谨记，分派权力并不是将自己的决策权"拱手"相让，而是放开手，信任员工，让他们去做，让他们在工作中锻炼自身。而下属的工作能力得到了提升，他们才会变得越来越优秀，越来越出色，将来能面对更大的挑战。领导者在合理地授权给下属之后，管理阶层的事务会更加有序井然，管理者的工作也会相对轻松许多。

 做好授权的锦囊妙计

管理者带团队，不必"亲力亲为"，只要能够把握好公司的整体走向即可，因为方向正确，公司的业务就不会出现太大的问题。睿智的管理者，都是懂得分派权力的高手，他们善于授权给下属，让他们有各自的做事舞台，从而使他们能够专心工作，这也有利于公司形成良好的可持续发展模式。

做重大决策的管理者

在现代生活中,工作已经不再是一个新鲜的话题,员工为了挣钱,为了生活,选择了努力工作。但是工作的过程并不是那么容易的,尤其是公司管理者的工作,它很考验人的意志力,当然,人仅仅有意志力也是远远不够的,在工作过程中,还要讲究一定的技巧与方法。有人说优秀的管理者都是聪明又"懒惰"的人,聪明在于其拥有很高的工作能力与智慧,而"懒惰"在于,作为一位合格的管理者要懂得分配任务,懂得授权。优秀的管理者都是着重做重大决策的管理者。在每个公司的发展过程中,公司的内部结构都会有各自的部门,而各自的部门都有明确的分工,这就需要管理者给员工分配好各自的工作,因为管理者是那个做重大决策的人。

作为一位管理者,并不是说要管公司的所有的事情。一个公司上上下下、大大小小的事情太多太多了,管理者如果一件一件去处理,只会造成因小失大的局面,这对一个公司或者企业来说是严重的损失。所以作为一名合格的管理者,要懂得授权,该自己完成的事情自己完成,该让下属去做的事情,要放手让下属去做。这样一方面有利于公司的利益与管理者的业绩提高;另一方面也有利于增强工作成员之间的团队意识。当管理者领悟这其中的道理时,就会明白有时放权也不一定就是坏事。管理者放权,既减轻了管理者的工作负担,也会让下属觉得自己得到了信任与肯定,让下属有机会去接触工作中更加真实的一面,增加经验,更加有利于公司的工作效率。

在公司的发展中，管理者起到了明确分工的作用。我们要知道，明确的分工有利于公司内部工作的顺利进行与工作效率的提高，可以有效地促进公司的发展。除此之外，明确的分工还有助于员工团队意识的提高，更容易带出一支高质量的团队。所以管理者一定要懂得工作上的明确分工，做好重大的决策。

何享健是美的集团的创始人兼董事长，是整个美的集团的最高管理者。

作为我们日常生活中比较受欢迎的一个家电品牌，美的集团之所以能够发展到今天这个规模，与何享健这个集团最高管理者的管理能力有着极大的关系。

在管理集团的过程中，何享健非常重视授权。从日本学习归来后，他不仅注意将所学知识传授给下属，而且也很愿意将很多权力下放给下属，自己只关注重大的决策。

在这种管理模式之下，下属感受到了领导的尊重与信任，更加积极主动地去工作，因而工作效率与工作能力都获得了较大的提升。

随着时间的推移，美的集团在何享健的科学领导下，不断地发展壮大，直至成长为如今的样子。

作为一名合格的管理者，要明白什么样的事情属于重大决策，什么样的事情又属于要交给下属完成的决策。管理者要懂得变通，要有选择地去做事情，尤其去做重大决策。

管理者在一个公司当中，是一个相对来说比较高的职位，在这个高职位上，要做的不仅仅是勤奋工作，坚守好自己的岗位，更重要的是要懂得什么事情该自己做,什么事情不该自己亲力亲为。所以在管理公司时,管理者要做到"有所为,有所不为。"只有真正掌握这个道理,遵守这个原则,才会成为一名优秀合格的管理者。

我们要明白,做一个做重大决策的管理者,不仅仅是为公司着想,更是为自己的下属着想。管理者给下属分配的工作在管理者看来可能没什么,但是对于下属来说可能就是一次机会,一次认可。所以管理者并不需要做太多的工作,只需要做重大决策即可,其他工作完全可以合理地安排给自己的下属。管理者只有深谙此道,并且这么做,才是一个合格而优秀的管理者。

做好授权的锦囊妙计

　　作为管理者,只有明白了"管理者"的真正含义,遵循管理的各项原则,才能带领自己的团队很好地走下去。任何公司都需要一个懂得重大决策的管理者,他可以加强公司的团队力量,促进公司的发展。所以努力做一个做重大决策的管理者吧!

授权也要分人

一个公司能否发展得好，主要体现在这个公司团队的力量是否足够强大。团队的力量是靠领导者来掌控的，团队中有哪些员工，这些员工是否能够承担得起自己所在岗位的职责，这些都是非常重要的。所以领导者在授权给下属时要谨慎一点，尽量选择一些合适的人来担任合适的职位，或考察好了之后再对员工进行授权，不能随便就把权利授予给员工。

著名的管理学专家杰夫曾经说过这样一句话：对于管理者来说，首要的就是要善于发现人才，只有先发现了人才，才能真正地做到识人善用，之后才能为公司带来利益。每个人都有他自己擅长的事情，而管理者的任务就是发现员工的长处并且合理地利用，把合适的人安排在合适的岗位上，这是十分重要的，并且要授予他们相对应的权力，使每个人都能发挥自己最大的作用，为公司的整体利益做贡献。

选择授权人，要能够考察出他是否具有承担这项工作要求的能力。公牛队的罗德曼在最初加入的时候，他的教练就十分严肃地对他说过，他加入公牛队要做的事情只有一件，就是在每一场必须要抢到十五个篮板球，但是对于得分并没有要求，得分少甚至不得分都可以。但是这一点一定要牢记，那就是抓篮板。这件事是罗德在场上最重要的事情。后来，罗德曼的角色就是抢篮板，并且成为"篮板王"。

　　为什么教练训练罗德曼抓篮板,而不是其他的队员。这个原因就是教练看到了罗德曼身上具有的天赋,他是最适合练习抓篮板的人,他具有这方面的潜力。教练在观察罗德曼抓篮板时发现,他能够在练习时连续起跳并且膝盖不用弯曲,在篮球弹起时,他只需要跳起用手轻轻挑一下篮球,再跳起来就能抓住球,这是他的对手做不到的,他在这上面是占有优势的。也正是他的这个优势,帮助公牛队取得了三连冠的好成绩。所以,看出被授权人是否具有完成工作的能力是十分重要的。

　　举一个很简单的事情来说,现在需要一个人在十分钟之内录入一份材料,要想按时完成工作,就要选择一个这件事情做得最好的人来完成录入工作。如果只是随便找一个人来做这件事的话,对方的录入速度赶不上进度,那么这个工作可能就会受到影响,导致不能按时完成。

　　美国的柯达公司作为世界上非常著名并且规模最大的照相器材公司,也是经过了一些不为人知的艰难过程的。在柯达公司的发展历史上,曾经进行过一次失败的企业内部整改。在整改期间,他们换了五位职业经理人,但是,这五个人都不是很适合那个职位,所以最后的整改都没有成功,这就是选人没有选好的结果。对于这几次的用人不当并导致整改以失败告终,引起了公司股东的重视,董事长凯伊·R. 怀特由于不堪压力选择了辞职,之后便由乔治·费雪接任总裁。

　　费雪曾经相继在贝尔实验室和摩托罗拉公司任职,并且担任的都是非常重要的职位,是一个非常有名的应用数学博士,所以他对于柯达公司面临的问题十分了解,媒体在问他关于柯达公司的问题应该采取什么应对的方法时，他回答："柯达公司自身具有一些别家公司没有的优点。"他的建议是要在现有基础上去寻求能够让公司增长的方法。当时费雪的这一回答还引起了很多媒体的误解，认为他只是一个看上去很厉害，实际却没有什么真本事的人，当时的分析家格勒热甚至认为柯达公司的问题没有人能够解决，如果费雪解决了问题，那么绝对就是商界的一个奇迹。

面对外界这么多的质疑声，费雪并没有放在心上，依然是对自己充满信心。费雪顶着众多的不信任上任了，上任之后就立刻采取了一系列的措施。第一是在电子产品的业务上进行了新的尝试；第二是对于柯达公司的贷款进行了压缩；第三是在企业产品的宣传上加大了宣传的力度。正是费雪的这三项措施，最终解决了柯达公司的问题。那些当初对费雪冷嘲热讽的人，见到费雪如此轻松地解决了柯达公司的问题后终于肯定了他的能力，也十分佩服柯达公司高层的"看人"能力，对于他们任用费雪这一举措更是敬佩不已。

从柯达公司的故事中，我们不难看出，识人善用这一点是多么的重要。只有找到了合适的人并且将权力授予了他，才能将授权管理做到最好，为公司带来最大化的利益，从而更好地加快整个公司的发展。例如，林肯就是在美国南北战争时期，将米德将军指派为波多马克军队的指挥的。而米德将军也在宾州小镇葛底斯堡的战役中取得了胜利，打破了南军攻击华盛顿的计划，他对得起林肯对他的信任，或者说是成功地通过了林肯的考验。对于林肯授权给米德将军这件事，我们可以看出一个成功的管理者的样子，他会在授权之前仔细地斟酌能够担任重任的那个最合适的人。另外，时机也是十分重要的，在对的时机将权利授予给对的人，事情的解决就会变得十分顺利。

管理史上，还有一个人对于授权的重要性也是十分看重的，他就是非常有名的管理学家约翰·布德鲁。他的观点是：对于工作的安排一定要寻找到适合的人，因为这样可以大大减少管理者在用人上的失误。因此一个好的管理者必须具备识人的能力，他们会将具有能力的人放在合适的位置，并且授予他相应的权力。

实际上，对于被授权人的选择不仅仅要看个人的能力，还要将他的个性、脾气等因素都考虑进去。如果被授权人是一个脾气暴躁的人，让他去跟别人谈判的话，那么就算他的谈判能力十分厉害，但是没有耐心、容易发脾气，这个谈判成功的概率也会大大降低，甚至是不会取得成功的。因此，在选择被授权人时考虑其能力是一方面，另一方面还要考虑到这个人的脾气、个性等，因为没有谁是完全只凭能力就会将事情做好的。

对于权力的授予上，与其把权利授予一个能力出众的员工，不如将权力授予给一个脾气、个性都合适的人，这样做事情才可能取到意想不到的效果；其次还要关注一下这个人的品行，是否端正，是否具有较强的责任感并且懂得上进，这样的人是比较好的被授权之人，那些品行有问题、做人不忠诚、过于注重利益的人，不是最好的人选。这些都是在选择被授权人时管理者要考虑的问题。

做好授权的锦囊妙计

　　一个好的团队，是需要所有人齐心协力、共同努力的，当然，这其中领导者起着至关重要的作用。只有领导者在授权时选择既有能力又适合岗位的人，才能让团队发展得更好，也才能够提高工作效率，使得做任何事情都能事半功倍。因此，领导者对于被授权人的选择要三思而后行，以便选择出最适合的人选。

有效授权并非盲目放权

授权,就是把一些权力交给下属,然后让下属去决定、去执行,这看上去是领导者把权力交给了下属,放弃了对权力的掌握。但事实上,授权和放权并不是一个意思。不合理的放权是另外一种意思,是说在不恰当的时间用不恰当的人,而且把权力交给下属后不闻不问,任由下属去发挥。所以说,合理的授权和不合理的放权并不是人们所认为的那样简单,其中是有很多"门道"的,因此,授权时必须要谨慎,一定要做到合理的授权。

控制就像是授权管理的"维生素",是授权管理的本质特征。所以说,授权的最高境界就是不仅要做到充分的授权,还要有一定的控制。控制的真正意义并不是要带有不信任、不放心的心态来监管下属,而是要做到不断地关注、合理有效的监督、恰当的过问,并对下属加以一定的辅助。作为管理者,如果能做到这些,不仅可以有效地防止下属有滥用职权的行为以及出现执行方向上的错误,而且还可以在一定程度上帮助下属完成自己交代的任务。

一个好的管理者不仅要做到合理有效的授权,还要对授权加以一定的控制。如果只单单做到控制不加以授权的话,那么会让公司陷入一潭死水里;如果只做到授权而不加以一定的控制,就可能会导致事半功倍。因此,合理有效的授权和一定的监督、过问,两者是缺一不可的。

1997年，高尔文成功地担任摩托罗拉公司的第三任继承者。在他继任之后，就在该公司采取了放权的管理策略。他认为一个成功的管理者就应该对公司完全放手，让下属充分发挥他们的能力。

当时，公司的行销主管福洛斯向他强烈建议要把成绩不好的代理商麦肯广告撤掉，但是，他并没有听从福洛斯的建议，而是坚信该广告商的负责人，并且放权给他。另外，他还对该负责人有很高的希望。直到一年以后，该负责人的广告成绩仍旧处于低迷状态，他才同意撤销该广告。后来，公司推出了一款新手机，代号为鲨鱼。在那个时候，公司开会议讨论，这款手机是否要进军到欧洲市场，高尔文明明知道欧洲人喜欢简单、轻便的手机，公司推出的这款新手机不仅价格昂贵，还很笨重。但在这种情况下，他还是授权给下属，将这款手机推向了欧洲市场。结果，这款手机在欧洲的销售情况是惨不忍睹，损失惨重。此后公司又推行了一个卫星通信计划，但又由于他缺乏监督意识的表现，导致该项目每年亏损两亿美元，最终不得不停止该计划，导致公司亏损巨大。

2001年第一个季度结束以后，高尔文意识到盲目放权的害处，于是，立刻对公司进行整顿，之后，公司逐步地回到正常的轨道中。

有很多的管理者常常感叹：在自己把工作任务放权给下属之后，总有一部分下属对待工作会有拖拖拉拉的行为。有的还不算太严重，你催促一下，他还动一下；而有的人就相当糟糕了，无论你怎么催促，他都一动不动。说实话，一个公司里边出现这种问题，关键不在于员工，而在于管理者在授权的时候没有提出严格的要求，没有设定明确的奖罚制度。如果管理者明确地告诉下属：该项工作应该做到什么水准，工作期限到什么时候，若下属按规定的时间完成,且质量高便会有什么样的奖励,若没有按时按点高质量地完成又将会有什么样的惩罚,那么,下属就会减少侥幸心理和拖延心理,就会对自己提出严格的要求,并且可以做到快速有效地完成工作任务。

当然,公司也要为大家提供一个很大很充足的展现自己才华的空间。在这个空间里,员工可以自行设计自己的产品,建立良好的运行机制,并需要对自己的行为负责任。这样做并不是说放任员工,而是更加有效地监督授权。如果在这期间,员工在自行决策和执行任务中出现了错误,管理者就可以对员工进行有效的问责。这样做不仅可以调动员工的积极性和挖掘他们的潜力,而且还能够加强员工的责任感,进而避免员工滥用职权的行为。

如果你想要成为一名优秀的管理者,那么就必须要清楚地认识到:好的管理是让员工自己来管理自己。要想有这种成功的效果,奖罚制度是不可缺少的,它可确保下属在正确的轨道上工作,而加强员工的责任感,会提高员工的执行力。

做好授权的锦囊妙计

有效授权和放权不是一个概念,并不说把权力交给下属之后,管理者就可以撒手不管或者没有监督的意识,如果是那样的话,就是盲目授权。盲目授权会给公司带来很多问题。因此,管理者在授权的同时,必须要加强自己的监督管理意识,从而做到合理有效的授权,使公司一直行驶于正常的轨道中。

员工各尽其责才是授权根本

知识经济时代，培养员工已经成为管理者日常工作中的重点内容。是否能够培养出优秀的员工，决定着企业团队凝聚力、向心力、战斗力能否得以增强的重要环节。有人曾形象地将员工比喻为战场上的士兵，将军的决策力再好，如果士兵不坚决执行，那么也必然会打败仗。企业也是如此，如果不能培养出企业发展所需要的好员工，那么就无法增强员工的核心竞争力，更无法带动企业的发展和进步。

培养出优秀员工的方法是多种多样的，也是一个非常复杂的过程，并没有一个固定的模式。

"管得少，就是好管理。"这是管理界广为流传的一句名言，这句话出自杰克·韦尔奇，他认为，管理者没有必要事必躬亲，什么事情都对别人不放心，粗鲁地干预他人的工作过程。因为，如果这样做了，会形成一个怪圈：上司管得越多，部属越束手束脚，并养成依赖、封闭的习惯，最后把主动性和创造性丢得一干二净。另一方面，如果管理者事必躬亲，那么一个小作坊式的经营厂房还算可以，如果是一个几百人甚至几千人的公司、集团，最终只会被累倒。因此，优秀的管理者对待能不管的事情，总是尽量不管，而是把这些事情交给下属各尽其责。

美国杜邦公司是一家世界知名的企业，其经营范围涉及农业、营养、电子、通信等多个领域，尤金·杜邦是这个家族企业的第三代继承人，作为一个典型的专权者，他总是事必躬亲，大权独揽。在成为杜邦公司的掌门人后，他依然坚持实行"恺撒式"的经营管理模式。所有的决策，甚至是细节的决策，都要等他最后拍板决定。所有的支票由他经手，所有的契约由他签订。他亲自拆信复函，做利润分配，周游全国以监督几百家经营商。

在公司组织召开的大小会议上，杜邦总是作为发问者不断地向他的下属提问，他的下属根据提问回答。这种呆板的管理模式让杜邦公司的组织机构完全失去了活力和弹性，面对瞬息万变的市场，杜邦很难在第一时间做出正确的决策，最终导致公司遭受致命的打击，濒临倒闭的边缘。而且杜邦本人也陷入了公司错综复杂的矛盾之中，痛苦不堪。1920年，他因体力透支而去世，公司的董事长和秘书兼财务部长也相继累死。

这种消息报道，让我们在同情他们的同时，也认真地反思，难道这个岗位要承载的工作量就真的大到了这种程度吗？事实上，将管理者击垮的大多不是管理上的繁杂事务，而是他们自己劳心劳力。因为不懂得授权，凡事亲力亲为，才会把自己弄得疲惫不堪。

"管得越少，才能把企业管理得越好。"这不只是杰克·韦尔奇的观点，也是绝大部分优秀管理者所秉持的管理理念。1988年，在哈弗商业评论上，管理大师德鲁克发表了一篇名为《即将来临的新组织》的文字，里面就很好地诠释了"少管"的管理理念。

其实，授权并不等于完全放权，只是将一部分权限交给下属，让他们自由发挥自己的能力，展示自己的才华。而根本性的大权仍然掌握在领导者手里，就像放风筝一样，管理者始终牵着风筝的线。当风筝飞行路线有所偏差时，管理者只需轻轻拉一拉手中的线，让风筝按自己的期望去飞翔即可。

况且，授权的目的是为了把公司经营管理好。如果管理者把权力紧紧攥在手里，那么仅凭你一人之力，是难以把公司管理好的。这就是为什么很多管理者每天操劳，甚至都累趴下了，公司发展却一塌糊涂。这就是因为他们不懂得授权的结果。如果懂得授权，管理将变得轻松许多。因为正确授权有很多好处：

第一，正确授权能够减轻管理者的工作负担，使其有精力去处理更重要的问题；第二，正确授权可以表达管理者对下属的信任，激发下属的创造力；第三，正确授权可以调动下属的积极性，满足下属对权力的需求；第四，正确授权能够更好地去发现人才、培养人才；第五，正确授权能使管理者取长补短，强化团队成员的协作能力，提高团队的做事效率；第六，正确授权能避免管理者独断专行，可降低决策风险，减少决策失误。

管理企业，"专制"是不行的，唯有懂得放权、敢于授权，在授权之后，让员工各司其职，各尽其力，才能借众人之力，打造一支有战斗力的团队。

管理者确定一个战略目标以后，应让下属以自己的聪明才智去实现这个目标，这样才能调动起下属的积极性。身为管理者，绝不要对员工的具体工作指手画脚，你只要给他们指定一个方向，把具体的事情交给他们就行了。

管理者应明白一个道理：一个人的能力和精力是有限的，纵然他有万般才华，但仅凭一个人的力量，终究是忙不过来的。因此，必须学会有效地授权，让整个部门的员工都动起来，让大家自发地去做自己擅长的事情，才能把工作做好、做到位。

"当创业初期员工只有一百人时，我总是身先士卒，坐在他们面前，走在他们面前，员工增加至千人时，我采取分层负责的管理方式，员工上万人之后，我只是站在他们旁边，合掌感谢他们为公司效命。"这是松下幸之助的管理理念。

众人拾柴火焰高，松下幸之助太知道企业中人的重要性了，所以，他既重视人才的培养，又重视对下属的授权。他认为，一名优秀的管理者应该尽量少管甚至不管，把更多的精力放在提升自身上，员工则要通过自律实现整体提升。例如，鼓励和关心员工，对员工表达爱，通过自身的积极工作，带动整个企业的工作氛围，从而使员工自觉地对待工作，自觉地遵守公司的制度。这样一来，就不用费尽心机地管理员工，员工也能如你所愿地对待工作，把工作做好。

管理者事必躬亲是不可取的，这在一定意义上剥夺了下属工作的权利，也剥夺他们的成长权、成就权。何况，在一个团队中，管理者随意介入下属分管的事情，一方面容易招致下属的反感，另一方面，管理者过多去做一线工作，会使下属产生一种依赖心理，甚至会促使下属懒惰，最终导致下属大事小情都向领导汇报请示，也使管理者陷入琐碎事务中不能自拔，这是不可取的。

英国管理学家德尼摩曾经说："任何人都有他自己该有的位置，只有将一个人放在适合他的位置上，才会激发出他身上的潜能。"那么，应该如何让员工各尽其责、各展其才呢？

首先，要了解员工的性格特点。性格影响工作效率，因此，一名优秀的管理者应该根据员工的性格特点决定岗位。比如，有的员工有很强的权力欲望，管理者可以选择一些适合他们的管理岗位让其担任；有些员工成就欲望很强烈，对于这样的员工就让其做一些富有挑战性的工作，并在他们完成任务后，及时给予肯定和赞扬等。

其次，了解员工的爱好与专长。例如，有人善于沟通，有人喜欢研发。管理者了解、掌握了这些信息，就能让员工"术业有专攻"，在各自岗位上发挥出最强的力量。

 做好授权的锦囊妙计

一名优秀的企业管理人员，一定要学会授权，让员工各尽其责，各展其才，这是相当重要的。善于授权的管理者，无论是对公司还是下属员工都是一种福气。管理者将手中掌握的权力适时地授权给下属，放心地将重担交给下属，这样做不仅能够让下属帮助自己分担压力，还可以充分发挥下属的主观能动性和创造性，让下属搭建平台发挥自己的聪明才智，何乐而不为呢？所以，优秀的管理人员应懂得授权，凡是下属能够胜任的事情，要放手让下属去做，这不论是对管理者自身，还是对下属本人，都是极其有益的。

用人不疑是授权的原则

对下属大胆授权,这是管理者对下属能力的培养方式,同时也是给下属展现才华提供的平台。管理者要明确一点,授权并不意味着自己的权力被削弱了,反而会调动起整个团队的群体优势。因为,授权能够让下属觉得自己的人格受到了充分的尊重,这样,他们才能够满怀热情地投身于团队的发展大业中。管理者在授权过程中,应当给予下属充分信任,因为用人不疑是授权的基本原则,只有充分信任下属,才能将授权落到实处。

信任具有强大的威力,是授权的精髓、前提和支柱,同时也是现代领导文化的核心。管理者应在信任中对下属授权,只有这样才能让权力发挥出最大的功效。信任是管理者授权的第一要诀,是管理者在工作中必须遵循的基本原则,管理者要明白与下属分享权力是开创事业、发掘下属潜力的最佳途径。用人不疑、疑人不用。领导者如果不相信下属,不敢授权,自己就会"累死";而相信他们、敢于授权,企业则会获得成倍的收益。

2005年,对于日本企业来说,最大的一个活动就是爱知世界博览会了。索尼也派出了强大的阵容,负责人为正田。

不过,正田并不是天天待在会馆,他说:"部下比我处理问题的能力要大许多,一般的事都是部下处理,我很少过问。"

在接受记者的采访时,正田说道:"大方针早已定好,让所有来看博览会的人，看了索尼馆后觉得好，就值，就算达到了我们的目的。"在正田的观念里，只要下属能做到这一点，就足够了。而且正田并不是事无巨细的人，他既然把权力交给了下属，便对他们充分的信任，给予他们发挥的空间。这样一来，正田自己轻松，其下属也轻松。

对于用人不疑，正田有自己的看法："财务由财务的专家去做，市场由市场的专家去做，技术当然应该由最懂技术的人去做。一旦选择了合适人选，我便不会多加干涉。"

信任下属是非常高明的管理智慧，值得每一位管理者学习和借鉴。因为一个事必躬亲的老板，很难将公司做大。人的精力毕竟是有限的，只有懂得去信任下属，敢于向他们放权，才能使公司有一个更大的发展。

放权意味着充分地信任下属，信任其能够出色地完成任务，对其工作能力有充分的认可。作为管理者，在开展各项工作时，要对下属充分地信任，因为你们是一个团队，在用人的问题上不能疑神疑鬼。同时，管理者还要对下属能够做好工作给予充分的信任，不要事事亲力亲为。只要交办的事情是在下属的能力范围之内的，那么就不要干预下属，让他们放手去做。同时，授权后，也应允许下属有一定的自主权，让他们对职权范围内的事情自己处理，千万不要横加干涉。

需要强调的是，有人的地方就会有嫉妒之心。同样，在一个企业中，那些做事快又好的员工会被一些人嫉妒、孤立，甚至会有不利于好员工的流言在公司中传播，这就是考验领导判断力的时候了。如果领导能够准确判断，那么企业就会朝着更好的方向发展；

反之则可能很被动，影响团结，不利于企业的发展。领导的判断力在处理这样的问题上显得尤为重要，切忌不能轻易地被流言所惑，要充分信任下属。只要不违背大原则，很多事情大可不必过问，更不要随意地进行牵制和干预。这既是对下属的最大支持，也是对下属的奖励，更是让他们努力地为企业工作的动力。

俗话说："知贤而不用，等于不知贤；用贤而不信任，等于不用贤。"古人常常说："用人不疑，疑人不用。"所谓"用人不疑"，意思是说，既然知道这个人是贤德之人，作为管理者就应该大胆地委以重用，对其充分地信任，不能无缘无故或听信他人的谗言而疏远、怀疑这样的人才。现实生活中，有很多管理者能够像伯乐一样慧眼识英雄，但遗憾的是，也有一些管理者缺乏用人的智慧，在使用人时疑虑重重，担心优秀人才不是"自己人"，对自己不忠心、不尽力；担心优秀人才作出成绩，声望超过自己，功高盖主，等等。管理者如果持有这种心态，那就极容易听信谗言，从而抛弃甚至毁掉优秀人才。

"用人不疑"不等于随便用人，且用了就不能够怀疑，而是说，在用人方面，一定要秉承严肃认真的态度，要经过深思熟虑；如果在决定用人之前，心中还有疑虑，或是听信了谗言，将已经启用的人才随意的调职、降职甚至免职，或者虽未去职，却多方掣肘，让他们干不成事，那也是不对的。当然，若在使用中发现被任用者确实有问题，或有证据证明当初任用不当，或者被任用之后产生新问题，那么该怎么处理就怎么处理，这与"用人不疑"是两码事。

一个企业的管理者，其工作中的一项重点就是要与下属建立一种相互信任的关系，让下属——一个团队的工作人员，能够充分了解自己工作的重要性、工作的价值及目的、意义，让团队中的每一名员工都热爱工作、热爱创造，并通过职责分配、授权等给予个人体现价值、追求卓越的机会。

研究表明，自信心、成就感是人们与生俱来的本质，因此，每个人都希望通过努力做成一件事情，得到领导及同事的认可。在管理者授权之后，管理者首先要为员工树立自信心，放手让员工用自己的方式处理和解决工作中遇到的问题，放开胆子，开展工作。当然，话说回来，领导给予的这种信任并不是盲目的、无根据的，这必须是在其经过深思熟虑后的决定。只有懂得信任的领导者，才能得到员工的信任。那些在用人时"嘀嘀咕咕"、将信将疑、顾虑重重的领导者，往往会让下属产生"离心离德"的想法。

那么，企业的管理者怎样做，才能做到用人不疑呢？

一是让下属担当一定的职责。为下属建立自信心，能够帮助下属增强对工作的使命感和责任感，让下属提高工作的积极性，能使其以饱满的精神状态投入到工作中，有时可以超水平地发挥自己的聪明才智，创造性地完成领导交办的工作。同时，自信心的建立还能让员工对自己从事的工作充满热爱之情，与团队同命运、共发展。并且，只有信任下属，才能把人、物交到他手中。管理者的任何授权都体现出他们对被授权者知识、技能及主动性、责任感的充分信任。信任不是一方的责任和义务，而是建立在双方的基础之上。在企业中，上级与下级之间的信任，是以上级对下属充分信任为前提的。这样，我们可以将这种信任理解为给予下属处理事情的权力和自由，放手让他们去处理一些问题，即使在下属遇到困难的时候也是如此。同时，管理者要为他们提供完成任务所必需的各种资源和支持。

　　二是将信任和宽容落实于行动中。现在，以宽容和信任为基础的领导和管理模式，在很多实例中都有成功的体现。这方面的例证数不胜数。上下级之间相互信任的融洽关系，会使团队士气和生产率始终保持在很高的水平。

　　实现信任，不是一件简单的事，虽然很多管理者能够认识到这一点，但真正做到这一点还是有一些困难的。卓越与平庸的管理者最本质的差别就是：平庸者将口号挂在墙上，而卓越者则将信念植入心中，落实于行动之中。

做好授权的锦囊妙计

　　一个工作积极自觉的下属，需要具备信任、信心和空间因素，才能不让领导对他失望。而一个坚守"信赖下属"原则的领导者，会放手让下属去负责任务，让其最大限度地展示自己的能力，取得工作中的成就。

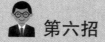

第六招

执行力

——好团队言出必行

领导者要 "令出必行"

时代在发展，社会各个板块都在推崇人性化建设，当然各大公司也在进行人性化管理的调整。人性化管理模式逐渐进入管理层的视野，一些公司已经将人性化管理模式运行得如火如荼，并且在一些领域取得了显著的效果。通过这种模式能够和员工进行良好的沟通，建立和谐融洽的家人关系，员工间的团结协作能力也会得到很大的提升。

吴王阖闾为了考验孙武的领兵能力，便让他操练姬妃宫女。孙武让吴王的两个宠姬担任队长。

操练之前，孙武把规矩讲得清清楚楚，可到了实践中，口令刚喊出口，女人们便笑作一堆，乱成一团。对此，孙武重复了一下训练要领，并要求两个队长以身作则。可是，他再次喊口令的时候，女人们还是不以为然，两个队长更是笑弯了腰。孙武严厉地说道："这是演武场。你们是战士，不是宫女；口令就是军令，不是玩笑。如果你们不认真对待，队长带头作乱，公然违反军纪，理当斩首！"说完，便把两个宠姬斩首示众了。

之后，宫女们谁也不敢再打闹了，都认真听孙武的指令。

孙武作为训练宫女的长官，令出必行，给了宫女们威慑，所以才能把她们训练成一个军纪严明的队伍。企业管理也是如此，当一个管理人员对某个项目发出实施计划的时候，由于员工与管理人员的思想格局、视野见识的不对称性，会导致员工的不理解，对管理者发出的指令加以抵触，但员工最终应以听从管理人员的安排为准。

根据一些信息分析表明，美国一些公司的管理层比较亲切，表现随和诙谐，非常的平易近人。而德国的一些企业，他们的管理层人员就非常的严谨，凡事就事论事，非常的周密细心。但是这些公司的领导人都有一个非常明显的共同点，那就是在公司的紧要决策上，在涉及公司未来的发展前景问题时，他们都会坚持原则，不会过多地迎合员工的想法，不会被一些琐碎的想法牵绊，下达了命令，员工必须要严格执行，并且在这些关键的环节上发力和加以控制。

在一个团队里，必须要有一股能成事的意志和精神，而令出必行，会使员工在面对重重困难时不会轻易选择放弃。

实践执行力的锦囊妙计

管理者在面对一些重要抉择的时候，必须保持头脑清醒，理智地进行分析，避免加入自身或者员工的个人情感。此外，一旦做出了决策，必须令出必行，让决策思想深入到每个员工的心中。

贯彻战略意图

要想很好地贯彻战略意图，首先需要清楚什么是战略意图。企业战略意图的思维方式最早起源于日本，日本二战后抓住时机，迅速崛起，成为世界的第二大经济体。日本经济发展的成就令世界侧目。可见即使资源匮乏，物质短缺，只要建立宏伟正确的战略意图，并贯彻实施，不管是公司还是国家都能变得富裕起来。

战略意图就像心脏一样重要，毫不夸张地说，可以决定一个企业的生死存亡。那么如何制定符合时代，并且不断适应时代变化的战略意图呢？战略意图是有其基本属性的：方向、发现和命运。

说到方向，即使是个人，也要制定个人发展方向。比如一个人从小立志想要当画家，那么他就要去做所有能够让自己成为画家的事情，学习绘画，练习绘画，上美术学院等。公司制定方向要比个人制定方向复杂得多，并且会受到多方面的影响和制约，如政策、市场、时代的变化等。

7-11是日本真正意义上的第一家便利店，它于1974年5月在东京营业。创造这家便利店的铃木敏文先生预测到了便利店发展时代的到来，将其从美国引进了东京。铃木先生认为，在物质过剩的时代，卖方市场转化为买方市场，只有产品才是企业最大的战略，才能让企业持续盈利。为此，铃木先生制定出了7-11发展的方向：全年无休，24小时营业；坚持一切从"顾客立场"考虑的原则。迄今为止，

7-11已经存在并发展40多年了，并且输出海外，比如中国、泰国等。

在贯彻战略意图的过程中，可能并没有现行的路可以参考，所以需要不断探索。即使有现行的路可以走，也需要在原来的基础上不断创新，不断前进。对于便利店来说，经营模式是可以复制的，乍一看，经营便利店真的没有什么技术含量。供货商供应产品，便利店员把货物摆上货架，等待着顾客前来购买，如果只是这么想，恐怕便利店也就开不下去了。除了供货商的产品，7-11便利店会供应自己原创产品。

7-11曾经推出过"黄金面包"，"黄金面包"香甜松软，比其他的品牌稍贵，但是因其独特的口味得到了消费者的一致好评，成为当时的畅销产品，在短短四个月内售卖出了1500万个，此外，7-11还推出了其他原创产品。作为便利店，员工们工作严谨认真，对品质的追求，不亚于专门制造贩卖产品的公司。正是因为7-11有其自制原创、好吃的产品，才能吸引客人前往，并且多次购买。看到这里，大家可能会想，7-11肯定会趁着畅销的热潮，进一步扩大销售。事实并没有，铃木先生下达了"立刻开始研发新一代产品"的指示。7-11不断推陈出新，让客人生出了探索发现的乐趣，客人会想：又会有什么新产品出来了呢？

另外，员工对战略意图的认同能够让员工产生使命感和价值感。在贯彻战略意图的过程中，需要员工的参与，这个时候，最重要的是沟通，因为即使只是同一个词语或者现象，每个人都可能有不同的解读。

佐藤先生在7-11的创新团队里工作，这个团队的主要任务就是探索便利店的未来经营模式。铃木先生告诉员工们即使失败了也没有关系，他们只需要大胆想象即可，只要把7-11建设成为各个方面都能满足顾客需求的便利店就可以了。为此，佐藤先生和团队十分努力。有一天，佐藤先生和同事去考察便利店的时候，发现客人在付钱时钱包里面没有钱了，只好放下精心挑选的商品，快快而去。过了好久，佐藤先生和同事都要离开了，也没有看到这个客人回来。

佐藤先生回去之后，客人不快的表情还在他的头脑里盘旋，我能够做些什么呢？如果银行就在附近，那就不用耽误客人多少时间了。如果便利店里有ATM取款机，那客人就……佐藤先生突然被自己的想法吓到了：我们是便利店，跟具有金融性质的银行是两回事儿。佐藤为自己的想法笑了笑，暂时不再深入想了。

但是这个想法却攫住了佐藤，无法从头脑中抹去，然后他在工作的时候试着跟铃木先生说了他的想法，铃木先生先是愣了一下，接下来，大声表示这是一个十分有远见的想法。为了让7-11能够安装ATM取款机，铃木先生想到了与其他银行合作，但是困难重重。最终，铃木先生决定成立银行，属于自家公司的银行。关于成立银行这件事，外界得知之后表示反对，称7-11是外行，肯定会失败。佐藤先生听到这些外界的评论，也十分担心，自己是不是提出了一个异想天开的想法呢？铃木先生反倒安慰佐藤，正是因为大家对金融一无所知，所以我们的思维才没有受到经验的限制，这是一场挑战和变革。佐藤听了之后，感觉全身的血液都涌向了头部，十分激动，这是具有历史意义的时刻，自己既是见证者，也是创造者。

在铃木先生的带领下，佐藤先生和同事终于达成了ATM取款机入驻便利店的愿望，并且在整合ATM取款机多种功能的基础上研发出了更多的用途，他们舍弃了其他银行的传统业务，真的创建了新型的银行模式。

　　实现战略意图并不是一件容易的事情，特别是在外界反对，甚至是公司内部同样有诸多反对的情况下。对于已经发展了40多年的7-11来说，它面临的时代环境复杂多变，因此，适应时代变化，发展高品质产品的方针极为重要。7-11打破了固有的模式，为了满足中高年龄和单身顾客的需求，不断推出新产品。而随着职业女性的增加，7-11除了售卖饭团等简单的料理，也推出了适合一日三餐的食物，制作了买回家就能吃的便当。7-11连顾客的潜意识需求都能提前考虑到，并付诸行动。这是成功的基础！

　　贯彻战略意图虽然很艰难，但是只要有正确的方向，不停地思考、实践，就能够找出切实可行的方案，使公司和顾客都能获益。

制定好制度的锦囊妙计

　　想要看公司的员工是否正确地贯彻了公司的战略意图，不如自己化身顾客，亲自去试试自己家的产品怎么样。如果自己不满意，顾客能满意吗？当然，如果自己满意了，是否还能做得更好呢？同时，也要去试试竞争对手家的产品，对比后分析自家产品优缺点。人千万不要迷失前进的方向，不要忘记前方的任务和挑战。要时刻谨记：市场是瞬息万变的，顾客是永远的"上帝"。

执行应从上而下

执行力有个人执行力和团队执行力之分，这里我们主要讲的是团队执行力。团队执行力是指"一个团队把战略决策持续转化成结果的满意度、精确度、速度，它是一项系统工程，表现出来的是整个团队的战斗力、竞争力和凝聚力"。

那么如何打造执行力呢？首先了解一下企业的构造，企业有不同的层级，简单来说有高层、中层和基层。执行是从上而下的，一般来说高层决定公司的大方向，也就是公司的战略决策，再把战略决策转化为具体的目标、计划等。中层承上启下，一方面要正确理解公司的战略，另一方面负责把事情分解出去。基层就是实现目标，做出成绩。这种从上而下的执行可以以人的身体来做比喻，大脑是高层，负责思考和决策；中层是身躯，一方面接受大脑的指令，另一方面传达到四肢；基层就是四肢，按照指令执行即可。

执行力就是战斗力，是企业的竞争力，重要性不言而喻。

华为的掌门人任正非是军人出身，对华为的管理非常强硬，有"狼性管理"之称。华为成立于1987年，当年成立的时候，可以说是在夹缝中求生存。那时很多外国通信企业进入中国，而刚刚成立的华为实力很弱根本不能与之竞争，只能依靠"先生产，后生活"的方式艰苦奋斗。但在成立后的30多年时间里，华为不断创造奇迹，不仅在国内占据了很大的份额，还走出国门。华为在开拓国外市场的时候，最初是十分艰难的。1997年，华为进入俄罗斯市场，第一笔生意只卖掉了一个元器件，价值38美元。在这种情况下，华为的员工首先要花费很多的时间和精力取得俄罗斯人的信任。他们整天在外面跑业务，不屈不挠，失败了从头再来，终于开拓了市场。还有很多环境恶劣、卫生条件很差的国家，华为的团队发扬艰苦奋斗的精神，战胜困难，抢占份额，逐渐打开了国际市场。

华为依靠的正是一流的执行力。那么华为是如何打造一流执行力的呢？这要归功于华为的管理制度。

第一，对于不同层级的员工要求不同，对于高层员工，要求保证政策方向的正确性，对于不相关的职位，不能插手；对于中层员工，要求多多走出去，具有现场解决问题的能力；对于基层员工，就是遵守公司的规则和制度。具体方法：给各层次员工进行培训，告诉员工应该做什么，做好的标准是什么。

第二，不断优化管理，时刻给员工以危机感。任正非曾经说过："10年来，我天天思考的都是失败，对成功视而不见，也没有什么荣誉感、自豪感，只有危机感。"正是因为华为不断优化管理制度，对规则制度的内在逻辑、策略和管理方法进行梳理和创新，才创造了奇迹，迅猛发展的姿态让世界其他通信设备供应商视其为最强的竞争对手之一。

相比于华为的成功，我们还有很多企业采用粗放的管理方式，即使企业管理者制定了远大的目标，但是把目标转化成具体的步骤，按照预期从上而下执行的企业则十分稀少。此外，执行力不是一成不变的，而是要随着内外条件的改变，因人因时而变。在现代社会，关于团队的执行力也跟企业的管理制度有关，最好是能建立与国际接轨的现代化管理体系。

但是在提升执行力之前，必须要分析影响执行力执行的根源，找到解决办法，然后逐步改进，建立现代化的管理体系。那么，企业执行力低下有哪些原因呢？比如企业文化认同不足，工作氛围差；薪水待遇问题；沟通不畅通；目标不明确或不实际等。

首先，企业文化的建立不能流于表面。不流于表面，是指真正地做到知行合一。有的企业文化强调奉献，而对升职、薪水待遇等问题视而不见。工作氛围也同样重要，如果领导懒散，那么就会传递给下属，下属自然也学会偷懒。有些企业之所以执行力不强，有一部分原因是在目标和执行之间无法找到切入点，不切实际的目标，执行起来困难重重。还有的企业，上司在布置工作时不够详细和精确，比如看上去很简单的事，打扫卫生要打扫干净，那么什么是干净呢？干净的标准是什么？有人说只要大部分人觉得干净就行，那么大部分人的干净标准是什么呢？与其规定是干净，还不如说这个车间，每天早晚倒一次垃圾，拖一遍地，这种具体的规定，执行起来更有规可循。

其次，提高执行力，沟通很重要。上司将任务布置下来，让下属做好交上去，上司不满意，告知下属哪里有问题，拿回去改。有的下属能够找到问题，而有的根本不知道如何修改，也不敢或者不愿意请教别人。虽然下属缺乏能力和做事的果断性，但是跟上司也有关系，上司根本没把自己的想法传达给下属，对下属的心理情况也一无所知。而有的上司，则会明确传达给下属如何去做，交代的事情需要几个层面执行，必要的话可以请求什么支援，方案什么时候交给上司审核。

第三，在执行的过程中发现问题，要及时改正。很多公司有开早会的习惯，公司日常运营有问题的时候能够在第一时间传递给管理者，管理者可快速做出回应，给出处理办法，当天就能传递回基层员工。有些公司开早会，目的在于让管理者紧张起来，增强执行力，给基层员工树立典范。

第四，有条件要上，没有条件创造条件也要上，不要有任何借口和理由。

2014年11月，北京召开APEC峰会，在会议召开期间，警卫戒备十分严格，车辆限号限行。不仅是北京，连周边区域，河北山东等部分地方也限行。这种时候对于北京发货的商家来说，对"双十一"购物节十分不利。当时京东的华北区总经理邵继伟也被限号限行所困扰，如果京东的物流不能如往常一样便捷，消费者可能会失望，毕竟京东次日达概念已深入人心。为了解决运输问题，邵经理提前想好策略，在还有七八天才到"双十一"的时候就储备了1200辆汽车，他调动一切可以调动的资源。11月10日，邵经理开始指挥全体员工工作，为了避免白天的堵车限行，员工从凌晨开始工作，邵经理也将员工家属动员起来去站点看货。京东的员工在黑夜里默默努力，将货物一车车搬运到站点。

11月11日，购物节当天，订单如潮水般涌来，京东华北区已做好充分的前期准备，即使在被影响的情况下，京东90%的订单做到了次日达的承诺。

如今，是一个执行力十分重要的时代，有人说企业成功的95%依靠的就是执行力，虽然有些夸张，但执行力的重要性不容忽视。而基层员工的执行力也决定了企业能否成功，执行力就是战斗力。

宜家公司创办于1943年，创始人是英格瓦·坎普拉德。他信奉"为所有人设计"的平民思想，宜家家具走的都是平民路线，很少在媒体上做广告，但是口碑传播很广泛。最重要的是宜家"以人为本"的服务理念，虽然卖场员工少，但是服务顾客的区域多，并且允许客人在沙发和床上逗留休息。客人在宜家感受到的是尊重和自由。这种平等自由的"人本"服务，加上商品高性价比，不仅赢得了大部分的人心，也赢得了市场。

制定好制度的锦囊妙计

与其了解消费者的需求，不如学会平等自由地对待消费者，人本主义的服务和性价比高的产品是企业脱颖而出的法宝。那么，企业也要同样做到平等自由地对待每位员工，激发他们的创造性、积极性，这样也就提高了他们工作中的执行力。

团队制度没有特权

华为初创时，虽然发展势头十分迅猛，但是并没有自身的规章制度，管理松散。任正非就此说："我们没有人家雄厚的基础，如果我们再没有良好的管理，那么真正崩溃后，将来就会一无所有，再也不能复活。"

人性是自私的，如果没有制度，那么团队里的成员只会顾及自己的利益，公司是无法发展下去的。此外还有一些公司在管理中，离开制度谈人品，希望员工是无私奉献的，是道德高尚的，这也是不对的。当然，制度不能单方面从公司的角度来制定，也要顾及员工的利益。制度是一种约束，在约束条件下，一方面追求公司的利益最大化，一方面保障员工的收入和发展的需求。所以制定制度最好遵循如下原则：效率优先，兼顾公平，在制度面前人人平等，抵制特权。

关于效率优先是指"多劳多得，少劳少得，不劳不得"，兼顾公平是指"同工同酬，一视同仁"，效率优先能够提高员工的积极性；兼顾公平，能够让员工更安心，更加认同企业文化，员工的积极性自然就提高了。关于在制度面前人人平等，就是大家都是平等的，虽然职务不同，但都是为团队做贡献，奖惩都是一样的，没有人是特殊的，即使是曾经贡献巨大的老员工。

制定的制度还要适合企业发展的程度，团队制度不能太苛刻，比如规定必须加班等。但当制度制定下来，员工就必须遵守，制度应在个人之上。

　　李经理的下属夏军连续两年在团队销售中排名第一。夏军开发的都是大客户，给公司带来了很大收益，但是夏军经常以客户的名义报销各种费用，其中有过节礼品、请客吃饭等，并且越来越多。很多时候，李经理不加审查就报销了；而李经理另外一些下属，正常跟客户的费用开销李经理有的审查不通过，时间久了，李经理的区别对待让他下属很多销售员愤愤不平，大家开始消极怠工，导致了整个团队业绩下降。

　　从上面案例可以看出，如果不遵守团队制度，没有公平可言，那么制度就变成了一纸空文，既会影响士气，也会影响公司的进一步发展。

　　团队制度也是发展变化的，在制度不完善的时候，有人可能会钻制度的空子，给自己谋求最大利益；也有人可能得不到合适的奖励，而失去工作热情。除了管理制度外，还要建立起合理的薪酬制度，促进员工工作的主观能动性，给自己，也给公司创造出更大的价值。

　　一般团队在开始的时候实现底薪提成的模式，比较单一和简单。随着团队的发展，可以在底薪提成的模式下，考核绩效和增加奖金。关于团队的带领方面，公司最好设置团队奖，既要奖赏团队主管，也要奖励整个团队。公司还要提供合理公平的晋升机制，很多公司是先进公司的人当领导，这种方式会导致一些没有能力的人当了领导，而对真正有能力的人则不公平，那么真正有能力的人可能不服气，也不听从领导指挥，导致整个团队的协作能力下降。而企业要想长远发展下去，是需要不断竞争前进的。在团队中，业绩最好、能力最强的人当领导是最公平最有说服力的。还有一些企业，晋升员工时认为资历很重要，比如一些老员工能力不强却晋升成领导，让下属不服。其实，晋升这些能力不强的老员工当领导不是一个好的选择，这个时候最好用其他的奖励方式，让这些老员工感受到尊重感和归属感。

在制定薪酬制度的时候，团队要注意其中的激励制度，力求将员工的主观能动性调动到最高。在制定薪酬制度时也要注意成本，只有当激励的效果高于成本时，激励才能持续下去。所以，制度需要不断完善和更新。

制定制度时还要注意其稳定性、持久性，避免成为空头支票，损害了员工的积极性。

制定好制度的锦囊妙计

在制定团队制度时，可先试行半年，并根据实际情况进行调整。每个公司的团队都不一样，团队制度自然不一样。可以借鉴已经成功的大公司的制度，分析其成功的原因，然后结合自身实际加以调整，使之为己所用。好的制度，会让员工找不到漏洞；一般的制度，对员工没有激励性。所以，制定制度的管理者，要制定适应团队并且能让团队有积极向上的精神的制度！

对"顽固对抗者"要严惩不贷

当一个员工由于工作业绩太差或者技能无法满足公司要求而遭到解雇时，公司应该直截了当地告诉员工到底是因为什么原因选择解雇他，并且拿出足够的证据或者工作记录，让员工明白确实是因为自身的工作能力而面临解雇。解雇需要当机立断，但其实大多数公司都愿意给员工一个改进的时间和机会，希望员工可以抓住机会，通过以前的工作记录找出自己的不足，再找出一个改进的方法，迅速调整自己，提升能力，以适应公司不断发展的要求。如果员工不把握机会，依然像之前一样，那么公司就不得不选择解雇。的确，在一个优秀的团队里遭到解雇，对于员工来说无疑是十分残酷的，如果还是在毫不知情、感觉良好的情况下遭到解雇，那更是无法接受的。

工作绩效不够好的员工一般分为两种：一种是刚来团队的新成员，出现不认真工作、态度不端正等不好表现，工作绩效也让人难以接受，那么就会在试用期直接开除；一种是由好员工转变成的坏员工，不再像之前一样愿意踏踏实实地工作，而是处处投机取巧，利用自己老员工的身份"倚老卖老"，对于自身的工作绩效不再认真对待。管理者对待上述两种员工需要一定的方法，首先是要一分为二，肯定他们的贡献，然后分析导致他们变化的原因，最后再根据他们的表现决定是进行纠正还是直接开除。

管理者如果不能及时发现这些绩效不好的员工并采取一定的措

施，其他成员就只能一直防备着这些"问题成员"。管理者如果无所作为或者行为失当，没有及时调教"问题员工"，优秀的员工也会受到影响，团队的绩效也会步入恶性循环，逐渐不如以前。"问题员工"往往世故圆滑、长袖善舞，擅长评功摆好、推卸责任，有些还会避开针对他们采取的管理措施，并且态度不端、劣迹斑斑又屡教不改，这对整个团队来说都具有十分不好的影响。而管理者由于没有合适的理由或者证据不足不能及时将他们"清理"出组织，任由他们发展，会给团队带来危害。

当然，最令管理者感到棘手的还是那些任职时间长、工作经验丰富的老员工转变成"问题员工"的问题，因为管理者很难做出开除他们的决定，往往认为调换一个部门就可以解决了，其实这种做法是大错特错的，将他们在团队内部调来调去只会让这种不好的影响传播得更广，对团队没有丝毫益处。就算是经验"老到"的员工，只要问题严重，开除证据确凿，管理者就应该果断地做出清除这些"毒瘤"的决定。管理者应该时刻牢记的一点就是，这些不认真的员工的不良心态是会快速传染给其他团队成员的，是会大大影响团队的绩效和士气，甚至会制造出影响整个公司的麻烦。所以团队管理者采取措施会花费一定的精力和时间，但是如果对于"问题员工"不闻不问，只会造成更严重的后果。宝马公司就出现过这样一个案例：

在宝马公司任职的徐晓凤在毫不知情的处境下突然接到公司的解雇通知，由于毫无思想准备和心理准备，徐晓凤开始和公司领导进行交涉，但是交涉未果，于是一纸诉状上诉到劳动仲裁部门，请求仲裁部门可以主持公道。仲裁部门来到公司进行调查取证，以确认公司是否具有解雇的原因。取证结果显示，徐晓凤的年度考核评价表都是"优秀"字样，各部门负责人对于她的工作表现也给出了相当高的评价。那么为什么一个处处表现优秀的员工会遭到公司的解雇呢？和公司的各级领导人沟通交流之后才明白，原来徐晓凤的工作绩效并不令人满意，表现也不尽人意，是每个部门都不愿意再任用的人，部门负责人为了尽快将她调换至其他部门，就采取欺骗手段，故意给出很好的评价，好让下一个部门愿意接收她。所以徐晓凤被调动过许多部门，最后公司无法再忍受，才决定解雇她。

解雇这个决定对于员工来说是一个比较难以接受的极端行动，容易引起员工的反抗。因此解雇员工是需要足够充分的理由的，否则公司和员工之间的劳资官司将不可避免。由于解雇问题而发生劳动争议的官司在我国是十分常见的，多数原因都是企业没有将员工的工作表现反馈给员工，也没有将工作记录展示给员工，因此员工不愿意接受解雇这个决定。

为了让被解雇的员工心服口服，避免劳动争议官司，企业应该做到以下几点：

一是建立起完善合理的绩效管理体系，流程清楚，目标明确，并且具有依据员工实际工作情况进行调整实施的绩效面谈辅导制度，通过企业领导者对员工绩效的分析和总结，面对面地指导和给出改进方法，让员工能够及时调整自己，以适应公司的发展要求。完善的绩效管理体系还需要合理的考核评价制度，帮助员工找出自己的主要不足和明确自己的绩效目标，以此来提高公司的整体业绩和水平。

二是做好员工的绩效表现记录或者说工作记录。作为管理者，不仅是一种领导的角色，也是一种监督和考察的角色，在平时要认真观察各位员工的工作表现并进行记录，做好形成系列化的文档，比较重大的事情还应该让员工知晓并且签字，这样才能保证之后的员工调整工作可以做到有据可依，而不是凭空进行，引起员工的反抗。

三是及时将管理者所记录的绩效表现和工作表现反馈给员工，积极的表现和消极的表现都应该如实地展示给员工，让员工自己心里有个准备，知道接下来应该更加努力工作还是可以稍微轻松一点。如果员工及时得到了自己的负面反馈，但是不进行改正和积极的表现，依然很消极，那他也应该做好被解雇的思想准备。及时又真实的工作反馈是降低员工被解雇时争吵和反抗风险的有效措施。正面反馈和负面反馈都是同样重要的，不少管理者担心会影响员工的积极性就选择忽视负面反馈，其实这样的做法只会带来更严重的后果。正面反馈可以让员工觉得自己的工作得到了认可，自己的价值也得到了体现，在之后的工作中会更加努力；负面反馈则可以让员工正确认识到自己的不足，不断调整和改进自己的工作方法和态度，来适应公司的要求。持续不断的工作反馈可以让员工以管理者的眼光来审视自己的工作能力和工作态度，具有很大的激励作用。

四是建立起管理者的领导力模型。所谓领导力模型，就是针对领导者的考核评价体系，领导者和员工一样，可能出现不端正的思想和行为。解雇员工对于员工和公司来说都是一件很大的事情，如果管理者不能处理好这件事情，引起不必要的麻烦甚至影响到公司的正常运作，都是得不偿失的。因此建立起领导力模型就具有十分重要的意义，让管理者明确自己的职责，担负起自己的责任，真正为公司除去不符合要求的员工，留下愿意为公司效力的优秀员工。

态度不端正、有着小心思的员工并不会轻易地表现出来，这个时候就需要管理者能够通过各种合理的制度或者有效的管理方法及时地找出对团队有威胁性的潜在"问题员工"，并且做出精准的判断，选择是纠正错误还是直接解雇。

 制定好制度的锦囊妙计

当代社会的团队管理中总是一直强调如何用人和留人，往往会忽视如何"炒人"。有不少公司不是因为工资不高，也不是因为市场条件不好，而是因为"问题员工"主导公司、好员工受欺负的现象存在，导致真正为公司效力的优秀员工不得不选择离开公司，最后公司面临倒闭破产的巨大危机。解雇员工不是一件随意而为的事情，当机立断不代表武断行事，一定要有足够充分的理由和确凿的证据并且深思熟虑之后，再做出解雇的决定。

 第七招

竞　争

——好团队保持活力的关键

竞争是团队的活力源泉

现在的时代是一个充满竞争的时代，管理者应该对自己和企业的地位进行一次重新的界定。比如企业是否盈利，是否追求高利润，企业存在的意义、目的，以及其参与市场竞争的动力源泉等，若不及时反省管理原则，随时都有可能惨遭淘汰。

管理者应向下属说明企业竞争力的重要性。有利的竞争，具有促使员工发挥高效能的作用。因此，在管理下属的过程中，应该引入合理的竞争机制，以便每个人都具有竞争意识，从而投入到竞争之中。而这也非常有利于整个团队保持应有的活力。

心理学上有一项著名的实验，其结果表明："竞争能够让一个人增加50%甚至更多的创造力。"上进心、自尊心是每个人与生俱来的优秀品质。竞争就是刺激人们潜在的自尊心与上进心迸发的最有效的方法，自然也是激励员工的最佳手段。

竞争的形式，多种多样。例如，开展各种主题的活动竞赛，如生产竞赛、销售竞赛、创新创效竞赛等；进行跟踪职位精选；公开招投标；同组员工研究相同的课题，找出其中最好、最有借鉴意义的方式，等等。此外，在企业中还潜藏着很多竞争，比如定期或不定期地巩固员工的考核成绩，在年终评比先进生产者或年度贡献者等。还可以根据本企业的具体情况，不断推出新的竞争方法。

在企业团队开展各种竞争性主题活动的过程中，一定要建立一套完整的、科学的、合理的竞争机制，用以维护竞争的公开、公平、公正。

有一段时间，本田汽车公司员工士气低下，销量也不断下滑，这让总裁本田很是忧心。他向副总裁官泽询问解决方法，官泽建议采用"鲶鱼"效应。于是，本田花重金挖来了一条活力满满的"鲶鱼"——35岁的武太郎。

武太郎担任公司销售部经理后，凭着丰富的销售经验以及工作热情，得到了销售部员工的好评，调动了员工的积极性，公司销售额也大为改善。自此，本田每年都会从外面引进一些"鲶鱼"，使得公司的"沙丁鱼"有危机意识，工作起来变得非常努力。

良性竞争能够激活团队活力，提升工作热情。当然，竞争一定要建立在公平的前提下，容不得有瑕疵，因为任何一个微小的不公正都会导致竞争失去其原有的意义，这就如同球场上的裁判员吹黑哨，偏袒其中的任何一方，会使竞争的光环消失。比如在企业中有竞聘上岗，如果这个职位是因人设岗，也就是人员早已内定好了，试想一下，这样的形式主义，谁还会感兴趣？因此，没有了公正，竞争毫无意义，公正是竞争能够顺利开展的前提和基础。

企业之间如此，员工之间的竞争亦是如此。比如，有竞争关系的两个人可能会因为从事的工作内容、性质相同或相近，导致在工作过程中相互拆台、相互攻击、打小报告；对资料、技术等内容进行封锁、垄断，更有甚者，他们之间可能会以牺牲公司利益为代价，扳倒自己的竞争对手。这样的竞争无疑会使企业的团队战斗力、凝聚力大打折扣。因此，我们说企业的成功依赖于全体员工的团结、目标一致，而不正当的竞争足以毫不含糊地毁掉一个组织。

如何避免这种不正当竞争的存在呢？第一要塑造团队精神，让团队中的每一个成员都清楚自己所在团队的奋斗目标，不要将精力耗费在团队目标以外的事情上；二是树立一个团队目标，让团队成员朝着共同的目标而团结一致、共同奋斗；三是适时对团队的竞争内容及竞争形式加以改变，剔除能产生彼此对抗、直接影响对方利益的竞争项目；四是找出一个或者创造一个团队共同的"敌人"，淡化、弱化团队中的竞争、对抗情绪；五是直接"摊牌"，就相关方面把问题讲明白，批评彼此暗算、不合作的行为，指出从现在开始，只有合作才能获得奖励，或者批评不正当竞争者，表扬正当竞争者。

任何事物都有两面性，竞争也是如此。竞争有优势也有劣势。过度的竞争，有可能导致不良的竞争或是恶性竞争的出现，从而使企业陷入僵局，影响企业的发展。但我们依然不能否认，在企业的发展中，竞争还是利大于弊的，领导者还是大胆地鼓励竞争吧！只有平庸的员工才害怕竞争。

在有些企业中，很少看到员工之间产生冲突，这并不是说没有矛盾，而是企业的管理者成功地变冲突为竞争，用合理的竞争引导员工，把员工的着眼点由彼此争夺转到相互"赶学比超"上。这不仅协调了员工间的关系，也提高了企业的效率，同时从另一个角度体现了公平公正的管理原则。

企业要制造良性的竞争气氛，需从以下几方面入手。

1. "制造"一个竞争者

人的情绪往往都有高潮和低潮的时候，这也同样会反映在工作上。当一个人情绪好的时候，对他人的过错都比较容易包容，从而减少了相互之间冲突的概率；而情绪差的时候则刚好相反。管理者不可能随时去照顾每一名员工的情绪，要想从根本上解决问题，只有给员工制造"竞争对手"，激发他们的竞争意识，才能引导他们向目标努力。

2. 让员工有竞争意识

有竞争才有压力，有压力才有动力，有动力才有活力。企业引进竞争机制，培养员工的竞争意识，能有效地激励员工追求上进，激发他们的学习动力，转移他们的兴奋点，从而减少矛盾，而公司上下也将生机勃勃。这是管理者做好管理工作的艺术，也是企业取得成功的关键。每个员工都要培养自身的竞争能力，使自己变得不可替代，以成就自己在企业里的地位。员工在竞争的过程中，应逐步挖掘自己的优势，构建信心，培养工作激情，以便成就最好的自己。

3. 让员工有危机感

危机感的存在能够激发员工原有的潜力。研究表明，对于那些自觉性强、表现优秀的员工，越是给他们施加压力，其工作表现越出色。如果在公司中没有这样的压力出现或者可以借助，那么不妨试一试从外界引入这样的压力，人为地制造一种竞争的氛围，以此激发员工的活力。

解决这个问题并不难，只需管理者在心理上对员工有一个准确的把握。

人在心理上都是具有攀比性的，每个人都希望"出人头地"，都希望拥有比别人更优越的地位。也正是因为这种欲望，人类才会积极成长，不断进化。当这种自我优越的欲望受到阻碍时，其超越意识会变得越来越强烈。这种意识便是人们常说的"不服输精神"。这种意识人人都有，强弱则因人而异。不过，即使一个人的争胜意识很淡泊，但在他的潜意识中也总是会潜伏着一份超越欲望。

　　企业的管理者懂得了这样的道理后，就可以巧妙地运用员工的这种心理，在企业中引入竞争机制，让员工知道竞争对象的存在，激发他们的工作热情，使企业重新焕发活力。

提升竞争力的锦囊妙计

　　一个良好的竞争机制能够带动企业效率的提升，这也是现代企业发展的大势所趋。作为企业的管理者，一定要有"先见之明"，将竞争机制尽快引入自己的企业之中，这样做，不仅可以为员工的个人成长营造一个良好的环境，而且也能够使企业的凝聚力、向心力进一步增强，最终助推企业走向成功的彼岸。

恶性竞争不可取

优秀的管理者都知道，无论是什么样的企业环境，员工之间必然存在竞争，但这种竞争有良性与恶性之分。良性的竞争能够促进企业发展的良性循环，促进企业发展，而恶性竞争很容易导致员工的矛盾升级。作为管理者，一定要掌握竞争的度，将竞争有效控制在良性循环上，坚决遏制恶性竞争的发生。这样的竞争规则才是企业想要的竞争结果。

王振和杨雪是同批进公司的员工，实习期结束后，部门领导要从他们二人中选出一位当经理助理，这样一来，二人之间就产生了竞争关系。

为了赢得经理助理的职位，杨雪见人就说王振的不是，说他不善于和人打交道，心眼小，希望以这种方式给自己拉票。后来，这种情况传到了经理的耳朵中，经理直接宣布竞争取消，任命王振为经理助理。

杨雪心里不服，但深知自己的方式不对，也不敢说什么了。就这样，原本希望通过竞争选出经理助理，但当竞争开始往恶性发展时，经理直接制止了。

竞争本应促进企业业务的发展，使竞争双方在竞争过程中各自达到更高绩效，使整体向着更好的方向发展，而恶性竞争会使其失去原本意义。虽然还是双方的一个较量，但整体来看，竞争者通过拉低对方使自己获胜，也会因为一方的拉低，使另一方失去进步的动力，最后的结果就是双方都在一定程度上受到损伤。

那么，企业应如何避免内部恶性竞争呢？

1. 完善企业竞争制度

对于同一集团下的不同企业，竞争对手不再是一个个体，而是一个群体，涉及的利益更大，而恶性竞争带给企业的创伤也更大。为避免企业内部出现恶性竞争，应完善企业的竞争制度，使企业竞争者拥有一个良好的竞争机制，从而有利于企业的良性发展。

2. 正确对待组织与组织关系

对于企业内部，员工与员工之间的恶性竞争，要比企业恶性竞争更容易解决。但是组织内部，特别是一些非正式组织以及一些小规模组织，忽略了心理因素对于绩效的影响，所以没有一个专门的规则来解决恶性竞争。

要想避免组织内部恶性竞争，需要竞争者意识到外部竞争的威胁。内部竞争者往往将视野局限于内部的少数竞争者，而忽略了广大的外部竞争者，这种局限性容易使竞争者忘记竞争的目的，而一味地追求相对绩效的提升，却最终使自己的绝对绩效降低，使外部竞争者不用耗费力气就在竞争中赢得了胜利。

提升竞争力的锦囊妙计

　　竞争者需要对竞争的目的有一个全新的理解。企业领导者需要制定一个目标，通过目标的完成情况来评估每一个竞争者的绩效，这样的竞争方式更具实际意义。

用绩效考评的方式确保团队竞争的公平性

当今社会，激烈的市场竞争，归根结底是企业内部人才的竞争。要想提高核心竞争力，企业除了要制定长远的战略目标之外，还要做好人力资源的管理。绩效考核是人力资源管理中的一项重要工作，一个完善的绩效考评及人才晋升制度能够帮助企业留住人才、吸引人才，并最大限度地调动人才的工作积极性。企业只有在人才的竞争中获得优势，才能掌握市场竞争的主动权，增强企业核心竞争力，使企业处于不败之地。

对于华为来说，绩效管理是最为重要的管理环节之一，大体分为三个阶段。

第一个阶段：1995—1997，人事考核。把考核当作单一的过程；考核包括工作态度、能力和业绩等，并在市场部率先实行；考核目的在于强化管理，推动管理观念，提高管理水平。

第二个阶段：1998—2001年，绩效考核。把绩效当作考核评价的工具；考核主要以绩效为主；目的要强化成果导向，激励员工落实，激发员工不断提高自身工作水平。

第三阶段：2002年至今，绩效管理阶段。把考核当作目标，将考核看作一个管理过程；增添了跨部门团队考核的内容；在目标指引下，推动员工进行自我管理，自我激励，自我约束，不断提高自身的工作效率。

绩效考评与企业文化、战略规划等因素有着密切的联系。

1. 企业文化

作为一种在长期的生产经营过程中逐渐形成的精神，企业文化应该是被企业的全体员工接受的，其代表企业的信仰、价值观、追求、行为模式等，其影响力比任何人和指令都要强大。并且，企业文化作为一项道德标准，约束绩效考评的内容、体系，同时，绩效考核也是企业文化的一部分，会影响企业文化，对其起到一个修正作用，因此，企业在设计绩效考评时，应充分考虑企业的文化，然后根据文化的关键性内容进行考评，力求考评结果不违背企业文化的初心。

2. 战略规划

企业的战略规划，是企业各部门实现目标的重要保证，能够确保各个资源在各部门之间的合理配置。同时，企业的管理机制在监督各部门的执行情况、执行效果方面也有相当重要的作用，并对此做出相应的评价，从而保证企业目标的最终实现。所以说，绩效考核的目标要围绕企业的战略目标，从实际出发，针对不同岗位制定针对性强的考核计划、标准。同时，通过绩效考评，使管理层更有效地了解各个岗位员工的基本情况，有利于其更好地实施企业的战略规划。

3. 其他要素

人力资源管理包括很多内容，比如岗位调配、薪酬激励、人才培训等，绩效考评只是其中的一项基本职能，也是一项重要职能，与其他内容相互影响、相互作用。在与人力资源规划的关系中，一方面，人力资源规划为绩效考评设定框架和标准，另一方面，绩效考评的结果，能为人力资源管理者提供更详细的信息；在薪酬激励的关系中，员工的工资中有一个是绩效工资，因此绩效的考评结果为薪酬的高低提供客观依据，公平、合理、科学的绩效考评能够调动员工的工作积极性，促进企业的长足发展；在岗位调配上，岗位调配是基于绩效的考评结果，客观、公正的绩效能够为员工调配岗位提供科学的依据，员工绩效主要与个人素质和能力有关，企业应该扬长避短，通过调配将员工安排在最适合的岗位上，发挥每个人的最大价值，从而增强企业的竞争力。

与此同时，在绩效考评过程中需要注意的几个关键问题：

（1）以人为本

要想在竞争激烈的市场中立于不败之地，管理者应想尽一切办法来提高企业效率。人是提高效率的主要因子。所以，企业应把提高市场竞争力的重点放在人的身上，即以人为本，挖掘人的创造力和潜力。因此，管理者考评绩效时，应"以人为本"，把人作为一种可开发和利用的资源，而不仅仅是一种实现企业目标的手段。"以人为本"，是从人的角度出发，把企业利益与员工的个人利益有机地结合起来，这样才能调动起企业员工的积极性，提升企业的核心竞争力，从而确保企业的可持续发展。

（2）沟通

绩效考核的结果会作为薪酬的核定标准，正所谓奖优罚劣，才可调动员工的工作积极性。当今是一个考核多元化的社会，并且倡导人本管理。能够在工作中有效沟通是绩效考评的根本，而奖罚则是绩效考评要实现的最终目标。管理者与员工之间的关系，是通过绩效考评建立起来的，通过这个渠道，员工能够将自己的思想、意愿等向管理者清楚地表达出来，最终促进企业的整体发展。绩效的考评，是对员工前期工作的好坏做一个平等沟通，通过沟通让员工感受到管理人员的态度。需要注意的是，考评并不是要让管理者站在员工的对立面，而是应该将员工的利益与企业的平稳发展相结合，共同实现企业的目标。

（3）注重个人发展与企业发展

实行绩效考评的目的不仅是要让企业实现可持续发展，而且员工也需要在岗位上实现自己的价值，同时兼顾企业利益与员工利益。人作为现代企业中竞争的核心要素，企业的发展需要人发挥自己的主观能动性，而员工能够充分发挥主观能动性，则决定企业在市场中的竞争能力，从而影响企业的可持续发展。综上，我们可以看出，有效的绩效考评要满足两个条件：即企业提高核心竞争力，实现可持续发展的能力进一步提升；员工的个人素质不断提高，在考评中知道自己的优势与不足，并在今后的工作中充分发挥自己的优势，努力弥补自己的不足，并据此制定职业生涯规划，将自己的利益与企业的利益结合起来，真正将绩效考评建立在考评者与被考评者同时受益的基础之上，最大限度地发挥个人的主观能动性。

（4）多方参与

随着现实市场的不断细分，企业中岗位划分也越来越复杂，单独的某一方面的绩效考评很难对员工做出一个全面的评价。在现代企业中，我们提倡建立一种"主管考评为中心，多方参与"的考评机制，也就是被考评者需要接受来自企业各方面的考评，包括上司、同事、下属、客户及自己全方位360度无死角的考核评价机制。这样就能避免人的主观臆断或带有主观色彩而做出不当的评价，使绩效考评的可信度更高。上司一般比企业中任何人都了解自己的员工，因此他们的评价在整个考核体系中占的位置也最重要。但是很多人因惧怕上司手中的奖惩权，在工作中很容易造成单项沟通，员工不会主动向上司提供其自身的具体行为和能力。这样就需要同事的评价作为补充，因为员工在开展工作时，与周围同事接触是最多的，但要注意，因为同事之间可能存在竞争关系，因此，他们的评价可能会有偏差，带有浓重的个人色彩。相比前两者来说，客户的评价应该是最客观的，反映了客户的满意程度，直接影响了企业的经营业绩和发展能力。最后，员工对自己的工作也会有一些个人的意见或想法，企业应该多鼓励员工通过自我评价看到自己的优势与缺点。这样的考核评价体系就比较完整、客观了。

（5）结果与过程并重

"绩"与"效"是组成绩效评价的两个重要内容，也就是我们通常所说的业绩与效率。对于结果性的评价，如任务的完成情况，这是"绩"主要负责的内容，而"效"指的是工作效率的高低，侧重过程的评价，这种侧重也包括员工的能力，态度的考评，适应了"以人为本"的管理思想，注重培养与发展企业核心竞争力，保持组织的可持续发展。所以，将过程与结果结合起来共同考核是绩效考评的特点，这样更具说服力。我们不能只侧重考评的某个面，忽视其另一面。因此，对于提高企业核心竞争力，追求长期稳定发展的企业而言，应将结果和过程评价结合起来。

作为企业管理的一种手段，绩效考评是否适合企业发展的实际情况，主要看其结果是否能够得到充分合理的应用。如果能够将这种考评结构作为企业经营管理的手段，完善企业架构，增强员工的竞争意识，调动员工的工作积极性，那么，这样的考核评价结构就是完美的。

通过绩效考评，能够找到现有绩效与理想绩效存在的差距，分析存在问题的原因，对绩效不断地进行完善和改进，再不断促进企业绩效的改善，使之达到完美的状态，会提高企业的核心竞争力，最终成为业界的翘楚。

绩效考评可以充分挖掘人的内在潜质，让团队竞争更加公平。企业通过绩效考评，对人力资源进行规划，进而实现人力资源的最优配置，将人的潜藏力量充分地挖掘出来，这种措施就包括晋升、加薪及培训等。更重要的是，通过绩效考评的方式可以确保员工间竞争的公平性。

提升竞争力的锦囊妙计

企业管理人员可以通过分析员工的绩效考评，为员工制定一份有针对性的培训计划，这样就能持续提高员工的综合素质和业务能力，将人的主观能动性充分发挥出来，将企业与个人发展融为一体。最重要的是，这种方式可以让团队成员之间更加公平地进行竞争，优胜劣汰，有能力者获得更好的资源与更多的发展机会。

利用好"鲶鱼"效应

所谓"鲶鱼"效应，实际上就是用人机制的问题。管理者可以运用"鲶鱼"效应，在人力资源管理中引入竞争机制。一个企业、一个部门在一种相对平稳的工作环境中时间久了，员工的主观能动性就会处于一种相对稳定的状态，这样会导致员工缺乏进取心、竞争意识薄弱，进而导致企业缺乏活力，缺少创新精神。正所谓"不求有所作为，只求四平八稳"，说的就是这样的状态，企业的发展会出现后劲不足的情况。因此，为了避免这种情况发生，我们应该及时地引入竞争机制，想办法打破这种平衡、稳定的状态，以便充分调动员工的工作积极性，进而提高团队的整体竞争力。在企业管理中，只有不断创新，懂得适时运用危机管理，才能于风险中抓住机遇，从而实现企业跨越式的发展。"鲶鱼"型人才是组织管理必需的。对于"鲶鱼"型人才来说，自我实现始终是最根本的。

挪威人喜欢吃沙丁鱼，尤其是活沙丁鱼。市场上的活沙丁鱼价格要比死鱼高出很多，渔民为了让沙丁鱼活着到渔港，想出了很多方法，但效果并不理想。可有一条渔船，却总能够将大部分活着的沙丁鱼带回渔港。这条船的船长去世后，秘密才被人所知晓。

原来，船长每回都会在装满沙丁鱼的鱼槽里放进一条鲶鱼，鲶鱼主要以沙丁鱼为食。鲶鱼进入鱼槽后，沙丁鱼十分紧张，左冲右突，四处躲避，加速游动。沙丁鱼缺氧的问题就迎刃而解了，大大降低了死亡率。这就是著名的"鲶鱼"效应。

作为人力资源管理的一种重要手段，"鲶鱼"效应越来越被重视，即在危机来临时，许多企业为激活组织，大力引进"鲶鱼"型人才。

1. 引入"鲶鱼"型人才，给员工带来危机感

当一个团队、组织长期处于"稳定"的状态下，就应该注意引入"鲶鱼"效应了。具体来说，一个团队的成员很长一段时间以来都没有做过人事调整，或是工资待遇上的变化，那么组织中就容易出现"沙丁鱼"型的员工，并且影响企业目标的顺利实现。在这样的情况下引入"鲶鱼"效应，那么这种模式将被打破，会给员工带来危机感，激发他们的创造力和战斗力。

在组织中，出现几个活力四射、锐意进取的员工，能够使整个团队的战斗力增强，可调动员工的工作积极性。但是管理者若是盲目地引入"鲶鱼"效应，则可能适得其反，让员工感到晋升无望，对工作失去兴趣，打消其工作积极性，同时可能导致员工失去对组织的认同感，最终导致企业人才流失。

2. 把握好度，杜绝恶性竞争

如果在一个组织中过多地引入"鲶鱼"，可能出现"刺激过度"现象，让原有员工产生一种组织更认同外部人员的感觉，造成组织内部成员的恐慌，流言、小道消息、员工之间的猜忌等会恣意生长，使员工的心理负担加重，不利于企业的发展。还有，过多的"鲶鱼"型员工引入会将原有员工的精力分散，使这些员工

更多地关注员工之间的变化，加重猜忌与防范的心理。再者，过多的"鲶鱼"型人才聚集在一起，很可能会引发恶性竞争，企业的向心力、凝聚力等会被破坏，无畏的内耗会降低企业的生产效率、削弱企业的市场竞争力。当然，如果引入的"鲶鱼"过少，也可能会因其势单力薄，被"沙丁鱼"联合剿灭，从而失去引入"鲶鱼"的真正目的。所以，管理者在引入"鲶鱼"时一定要把握准度，让"鲶鱼"真正发挥其作用。

3. 适度地引入冲突管理机制

组织内部一团和谐可能导致组织失去竞争力，但一个内部斗争很激烈的组织同样会阻碍企业的发展。企业的管理者在解决内部管理问题上，切忌太过温和和太过激烈。领导者为了使组织达到一种相对的平衡，可以适度地引入冲突管理机制。但要注意，这种冲突必须是良性的，因为良性冲突能够让组织的界限越来越清晰，进而组织的目标就越来越明确，组织的整体优势能够得到最大限度的发挥；反之，则内耗加剧，恶性争斗将削弱组织的竞争力。

管理实践告诉我们，在组织内部不要"强强联合"，即在组织中配备的人力全部是精英，俗话说"一山不容二虎"，众多优秀人才集中在一起，每个人都有自己的观点和主张，谁都认为自己的观点是正确的，会让组织陷入恶性竞争的尴尬局面。在NBA的赛场上，球队为了避免出现1+1<2的情形，不会让众多的球星同时在一个赛段上出现，就是这个道理。

4. 从内部培养"鲶鱼"型人才

每个组织都存在有"鲶鱼"潜质的人才。人既有"鲶鱼"的特性，也有"沙丁鱼"的特性。在组织中，"鲶鱼"型的人才可以在组织内部培养，也可以从组织外"空降"来。内部培养起来的"鲶鱼"杀伤力小，成本低、风险也不大，更有利于提振组织内部人员的士气。同时，内部培养出来的"鲶鱼"型人才对组织文化较为认同、工作环境相对熟悉，在开展工作中更加得心应手。但同时要注意，这样的人才容易导致内耗、恶性竞争的缺点。

外部引入的"鲶鱼"型人才，在选择面上会更广一些，能够为组织输入新鲜的血液，让组织内部的竞争不至于过于激烈，同时也能最大限度地激发组织内部成员的潜在能力。缺点是风险高、对原有人员的打击较大。引入这样的"鲶鱼"型人才，内部人员适应时间要相对长一些。但在内部竞争和派别竞争情况不佳时，企业可以选择"空降""鲶鱼"型领导，以此解决管理岗位上的"僵局"。

管理者在引入"鲶鱼"型人才时应具体问题具体分析，如果内部选择更为合适的时候，则内部提拔为首选；反之则"空降"。但无论什么样的选拔方式，管理者都应该给予"鲶鱼"型人才足够的支持。

5. 预防"鲶鱼"型人才被同化

达尔文提出过物竞天择，其在《进化论》里说："物竞天择，适者生存。"人类社会是在竞争中发展壮大的。但在组织内部，"鲶鱼"型人才的思想往往被认为是异类，其在不同程度上搅乱了现有的和平秩序，触动了大多数人的利益，往往会被排斥，成为有争议的人。所以，"鲶鱼"型人才在企业中面临的阻力会更大，在这样的情况下，其工作的难度和强度远远超出了自己的能力范围，会导致被"沙丁鱼"集团围剿，或慢慢被"沙丁鱼"同化。所以，领导者在引入"鲶鱼"型人才后，要适时予以其鼓励与鞭策，为"鲶鱼"型人才的成长营造一个良好的沟通环境，促使"鲶鱼"型人才不断地进步，从根本上避免"鲶鱼"型人才被"沙丁鱼"同化。

提升竞争力的锦囊妙计

"鲶鱼"效应是企业领导层激发员工活力的有效措施之一，具体包括建立竞争机制、起用能人、转变领导风格等。"一团和气"的集体不一定是一个高效率的集体，这时候引入"鲶鱼"效应，将起到很好的"医疗"作用，会激活员工队伍，会提高工作业绩。

有压力才有效率

"人们最出色的工作，往往是在处于逆境的情况下做出来的。思想上的压力，甚至肉体上的痛苦，都可能成为精神上的兴奋剂。"这是经济学家贝弗里奇说过的一句话，简单地说就是人在高压之下，可能会迸发出强大的潜力，让做事效率达到最高。

人的韧性就好比弹簧，其承压的大小与内部爆发的潜力有一定的关系，也就是我们所说的"效率"。运用专业理论来说，在弹性的范围内，压力与弹力成正比，压力越小，弹力越小，因此效率越低；反之，压力越大，弹力也越大，效率就会提高。当然，任何事物都要讲求一个度，如果超出弹力的范围，压力过大，会超出人的承压范围，从而导致负面的效果。

在某次培训会上，一个主管询问培训老师："我有一个下属，他平时负责的工作很清闲，但却无法很好地完成工作，我正在考虑要不要辞退他。"

培训老师说："那你可以再给他一次机会，多给他布置一些任务，并且告诉他如果再做不好，就会辞退他。"

主管很不解，但还是依照培训老师的话做了。结果让主管很吃惊，这个员工不仅按时完成了工作，而且完成度还非常高，和他之前简直判若两人。

主管又找到培训老师，说了这个情况。培训老师说："其实职场中有很多这样的人，他们不是没有能力，而是没有压力。一旦压力放在他们身上，他们就能够产生巨大的能力，把工作效率发挥到极致。有时候，你越是给他足够的时间，他倒反而产生了惰性，失去了动力。"

企业界有种说法："假如一个领导者不能让他的员工感受到危机的存在，那么很快他就会失去信誉，进而失去效率与效益。"

总之，不管是企业内部还是外部环境的危机感，都能使员工产生生存竞争力，保持清醒的头脑。员工不怕竞争，越是激烈的竞争，越能造就出奇迹。

适当的紧迫感，对员工的工作起着一种积极的激励作用，如何让员工产生紧迫感？一个似乎有点笨但绝对有效的做法是，制造一定的压力，或尽量把管理者所承受的来自市场上的或来自更上一级的压力转移到每一个下属身上。

我们知道，适度的压力能够提高工作效率，运动员打破纪录都是在大型的比赛现场上，这是因为运动员的各项机能在赛场的压力下完全爆发出来，发挥出自己最好的水平。良性的压力，会让职场人士重视自己的工作，有利于把事情做得更好。人需要有一定的压力，才会更努力，工作才会更有效率。当然，压力过重也会产生不良影响，会引起生理上与心理上的疾病，同时，还有可能导致人的行为改变。比如，酗酒或服用镇静剂，这是每个企业不愿意看到的。

管理者应及时关注员工身上出现的各种反应，各方面的压力要综合考察，一旦发现员工的压力超过其承受能力，就应该及时采取压力管理。

压力管理一般分为两部分：一是从压力源着手，分析其导致的问题，并加以解决；二是对压力作用的对象进行行为、情绪等方面的疏导、化解。如何把握好度，带出一支身心健康、团结协作、工作效率高的团队呢？方法有很多，比较常见的有以下三种。

1. 给下属限定任务期限

在工作的过程中，很多人都会有拖延的习惯，他们总是认为，距离任务上交还有一段时间。如果管理者手下有一批这样的员工，这个团队的战斗力必然不会太强，其凝聚力和向心力也会比较差，工作效率也不会太高，因此，管理者一定要想方设法地消除这样的现象，调动其全体员工的工作积极性。在所有可以采取的措施中，设置最后的期限应该是最有效和最简单的。在交给下属工作任务之前，先预估他能够完成任务的时间，在交代任务的同时，也要交代任务的完成期限及超过期限的惩罚。这样，下属在"有限"的时间里，必然会认认真真地工作，不敢怠慢，以便尽快完成任务。

2. 适当给下属施加压力

一个效率极高的组织，其所有工作人员的工作任务是繁忙而艰巨的。一个管理者要想让自己的组织具有这样的高效率，就必须想办法让组织里的所有人员都积极工作，充分利用好上班的8小时，让每个人有序地忙碌起来，给每个人适当地加压，使其有压力感和紧张感。这就需要管理者合理地给下属布置工作任务，制定一项完善的工作考核政策。奖优罚劣，让员工工作起来更有动力，否则，散漫的风气很快就会弥漫开来，使组织的工作效率大为降低。

3. 要适当让员工之间有竞争

众所周知，每个人都是有自尊心和自信心的。每个人都喜欢被肯定和被表扬，希望自己能比别人强，或者成为自己所在"圈子"中的核心人物。心理学上把这样的心理称为"自我优越的欲望心理"。正是有了这样的欲望存在，人类才会不断地进步，成长。

企业组织内部会自然产生一些竞争对象，他们因为工作性质、内容相同或是在同一个部门，或多或少地产生一些竞争，继而产生一定的心理压力。在这种压力的驱使下，其竞争的意识会特别强烈。管理者要充分利用这样的心理，为员工设立一个竞争对手，让对方知道竞争对手的存在，这样就能很好地让员工感受到压力，有效地激发起每个人的干劲儿。

员工工作的高效率，最根本的是源于竞争意识的存在。一潭死水不可能激起浪花。如果一个组织中的员工长期在一个固定的生产经营模式下工作，常年做着同样的工作，那么这样的企业怎么会有进步和发展呢？想要打破这种平静，转变现有的工作模式，首先要唤醒员工的竞争意识，让员工处于竞争的状态，开展竞赛活动等有利于调动员工积极性的活动，让员工在"比学赶帮超"的压力中不断地完善自己，提高自己，让员工为企业发展"一路狂奔"。

提升竞争力的锦囊妙计

在竞争中让员工感受到压力的存在，给员工施加压力，可以有效地激发员工的工作积极性。有了这种积极性，企业才会更有活力。让员工在竞争的状态下工作，能够有效地培养员工积极向上的工作态度，激发员工学习的动力，将他们的注意力集中到做好本职工作上，从而推动企业健康和谐发展。这是一种重要的"管人"艺术，也是企业取得成功的关键。

团队竞争的方案

所谓团队，指的就是由员工与管理层构成的一个共同体，它会合理地对内部成员的知识与技能加以利用，使之协同工作，共同进步，从而实现共同的目标。

"团队"这一概念最早是在日本提出来的，正是借助团队的力量，日本的很多企业打开了更加广阔的市场，并在激烈的市场竞争中取得了不俗的成绩，这是值得我们学习和借鉴的。

20世纪50年代，日本经济迅猛发展，在同一时期，日本的很多企业跃居世界前列，日本也被称为经济强国。究其原因，就是日本企业员工的团结协作精神，员工们紧紧团结在一起，为着共同的目标努力奋斗，从而提高了企业的整体竞争力。20世纪80年代初，很多西方大国都看到了企业团队的力量，纷纷将团队观念引入企业管理中，其中包括美国等发达国家。如今，团队竞争模式不再局限于管理领域，在产品的研发项目实施以及市场开拓等领域也都能看到它的影子。世界500强企业也都将团队模式引入公司的运作当中。

企业的竞争力，是指企业的整体竞争能力，归根结底就是企业中人的竞争能力。人是企业生产中最核心的要素，但在企业的生产经营过程中，这种竞争能力主要通过四个方面体现，即产品质量、产品价格、技术水平和服务水平。其中，硬件设施只要有足够的资金就可以轻易获得，而人才是最难得到的。当今时代，竞争日益激烈，企业若想获得长久的发展，必须重视人才，挖掘人才的潜力，发挥人的主观能动性、创造性，调动人的工作积极性，让其对企业产生归属感。众所周知，只有提高员工的整体素质，才能保持企业持久的、旺盛的竞争力。

随着社会分工进一步细化，仅凭个人独闯天下的时代已经过去，想要获得成功，企业就必须依靠团队的力量。一名奥运冠军的诞生离不开其背后训练团队的默默付出，"神州"飞天、"蛟龙"下海更是离不开背后庞大的研发团队人员的辛勤与汗水。在市场经济的浪潮中，企业要想获得成功更是如此，企业的产品品质强弱、服务水平高低，最后的落脚点都是企业中的人，需要依靠每一位员工共同努力、共同协作才能完成。正如管理大师罗伯特·凯利所说："企业的成功靠团队，而不是靠个人。"企业要想生存与发展，就要打造一支与其相适应的高效团队。

放眼国际，一个成功的跨国企业或成功的组织，无一不是注重团队建设的。除了前文所说的日本企业因发挥团队协作精神在战后迅速崛起，并获得很大成功的案例外，美国的微软、苹果、GE等大集团大企业，都是因为十分注重团队协作和组织能力，才有了这样举世瞩目的成就。对于团队的理解，微软的掌舵者比尔·盖茨有过这样一段精彩的论述："团队合作是企业成功的保证，不重视团队合作的企业是无法取得成功的。"

我们经常说："人多力量大，人多好办事""团结就是力量"。但是要注意，并不是群体中总会得到1+1>2的结果。一把筷子要想不被折断就必须捆绑到一起。德国一位科学家曾经设计了这样一个有趣的实验：有一人、二人、五人和八人的四组实验者。实验内容很简单，让参与实验的人以组为单位拉绳，结果相当出乎意料：二人组拉力只是二人单独拉力总和的95％；五人组拉力只是五人单独拉力总和的80％；八人组拉力只是八人单独拉力总和的43％。

我们需要思考，究竟是什么原因导致团队的整体力量下降呢？归纳起来无非有以下几点。

1. 讲公平

公平是团队中每个人的基本要求。这不仅要求在管理的程序上公平，在管理的结果上也要体现公平。所谓程序上的公平是在给团队中的每一个人员有公平竞争的机会，而结果公平就是要在公布、评判结果的时候，管理者秉持一颗公平的心，不偏向任何一个小组成员。如果程序公平，而结果不公平，这种情况只能归咎于个人的努力程度和能力不够。反之，组织或企业出现管理混乱的局面，对企业管理会产生负面影响。

2. 讲绩效评估

团队的整体能力是通过绩效考评衡量的。团队的成绩是由团队中每个人员共同努力来实现的，这就要求团队要非常重视每位成员能力的发挥。因此，团队中是否有一套完整、科学、可行性强的评估体系是团队成员作用是否得以充分发挥的前提和基础。如果考核评价体系不够透明、公正、科学，滥竽充数者就会大量存在。这样的考核评价体系，不仅不会为企业的发展做贡献，而且还会影响企业团队成员的积极性与整个团队的成绩。

3. 人际关系要简单

"中国的人际关系就像一块石子扔到水里一样，溅起好多好多的波纹，一圈一圈的波纹向外扩散，由近及远，相互交错，利益关系复杂。"这是社会学家费孝通对我国人际关系的精辟概括。复杂的人际关系，必将给企业的发展、团队整体效用的发挥带来阻碍。如果人要兼顾工作与人情，或将一部分甚至大部分精力耗费在不必要的人情上，必然会影响团队的整体绩效。

如何规避上述不利，制定一份有效提高团队竞争力的方案呢？

（1）要明确团队员工的共同奋斗目标

作为团队的核心和灵魂，目标能够激发员工的潜力，凝聚团队成员的合力，为增强企业创造力奠定坚实基础。所以说，目标是企业价值所在。目前很多企业都有自己的发展愿景或者发展规划，有短期目标及中长期目标，但目标的制定，如果缺乏深入调研的基础，员工会无所适从，因为这些看似宏伟的目标与一线员工的生产生活没有必然的联系，所以，员工会逐渐失去工作的积极性。所以，企业在制定工作目标时要开展广泛而深入的调研，要把个人需求、个人价值结合起来，让企业的所有员工参与讨论，在得到全体成员认可后，才更有利于企业目标的执行。这样"接地气"的发展规划会让员工一目了然，并自觉地将个人发展与企业的发展结合起来，达到将企业目标与员工工作形成"内化于心、外化于行"的效果。

（2）加强领导班子建设

有句俗语："火车跑得快，全靠车头带"，优秀的企业领导者除了具备过硬的专业素质外，还需要有丰富的管理经验，这就包括能否最大限度地激发团队活力、创造力和凝聚力。企业要想走向成功，就必须做好管理层的管理工作。首先要从提高管理人员的自身素质和业务能力入手，进而提高整个团队的能力。其次，领导与团队之间要建立起相互信任的关系，要秉承"用人不疑、疑人不用"的原则，维护团队的团结。再次，要注重提高领导班子和中层管理人员的素质和能力，通过构建学习型企业架构，不断增强企业团队的竞争力。

提升竞争力的锦囊妙计

　　管理者要想让团队发挥出最大效益，取得最好的绩效，就必须懂得提升团队竞争力，让团队成员紧密联系在一起，发挥团队特长，使团队稳步向前。

第八招

沟 通

——好团队需要互相交流

沟通好才能合作好

在现代企业管理中，沟通是必不可少的表达工具。这个无形的工具是连接领导与员工之间的桥梁，只有沟通好，才能合作好。领导者作为一个单位或者公司的带领者，要具备统筹兼顾、从大局出发，维护团队的利益、保全团队声誉的能力。但是，领导者光有决策能力，没有良好的沟通能力，是无法顺利开展工作的。在分配工作时，领导者需要思路清晰，表达明确。沟通能力强的领导者不仅注重决策部署，还注重如何把决策部署交代给团队成员，让他们各司其职，顺利开展工作。比如，面对不同性格的员工，领导者应采取不同的沟通方式，让员工理解并且顺利执行工作。

沟通能力强的领导者，往往在对接工作方面表现出得天独厚的优势。因为只有沟通好了，员工才知道干什么，为什么那样干。只有让员工们明确各自目标，才能高效地完成任务，团队才会逐步壮大。只有队员强大起来，工作才会开展更加顺利；只有团队出类拔萃，个人的领导才干才能更好地展现出来。

据一份数据显示，很多公司的领导层每天都将70%—80%的时间花在与员工沟通上，比如公司出台新的条例规则或者公司发生重大事件、员工工作状态普遍低迷、公司受到重创或者股市上涨、员工的工作存在重大失误，以及员工为自己犯下的错误找理由推脱等，遇到以上状况，领导与员工沟通就显得格外重要。

对于领导能力杰出的管理者来说，高效的沟通方式是其必不可少的一项职业素养。

路易斯·郭士纳来到IBM之后，敏锐地发现了与下属沟通的作用以及意义。他说："很有必要为我们公司的员工沟通和交流打开明确的、连续的渠道。"当然，对于IBM这样的大公司，要与每一名员工坐下来面谈，是无法实现的，但还有其他的方式可以实现互动的交流，于是郭士纳在沉思过后选择了邮件，用公司邮件和团队成员进行高效沟通，大大减少了沟通的障碍。郭士纳上任一周之内，就给IBM的全体员工写了一封信，他在信的最后写道："在未来的几个月中，我打算走访尽可能多的公司营业部门和办公室，而且，只要一有时间，我就会去和你们会晤，以共同商讨如何巩固和加强公司的力量。"郭士纳通过邮件和团队成员们进行交流沟通，了解员工情况同时表达个人的想法。面对这种全新的沟通方式，员工们有的选择支持，有的选择反对，甚至还出现了批评的声音，但不管怎么样，大家都在通过邮件真诚发声。在员工们真诚坦率的表达中，郭士纳开始对公司环境以及企业文化有了深入了解，而这对于他工作的开展自然是大有帮助的。

由此可见，搭建沟通平台对于员工与领导都至关重要。

在日常工作中，管理者的认真聆听，可以从员工那里获得想要的信息内容，并及时作出应对。员工的想法是管理者进行决策部署的重要因素之一，听取员工意见可以帮助领导者觉察员工的心理和想法。认真倾听信息有助于领导者在决策部署方面提高效率，并由此思考公司的经营与业绩。沟通是双向的行为，不能搞"一言堂"，不能紧着领导发言，否则时间久了，员工在接收信息方面可能会存在遗漏。所以领导要懂得换位思考，站在员工的角度思考问题。此外，要为员工提供各抒己见的平台，培养员工的表达能力，为员工提供轻松、和谐的工作氛围，给员工传达一种信息——领导愿意采纳意见，对每个人的言论都是很重视的。

在交谈时，尽量给员工展示自我的机会。这对于企业或是领导者都是有益无害的，它不仅可以让领导层和员工之间彼此增进信任度，有利于领导在最短时间内快速地了解员工，而且还能促使员工大胆地讲实话、讲真话，让领导层知道员工的真实想法。在这里，需要注意的是，一旦员工认为管理者不信任自己，而领导层未及时发现，那么彼此之间势必会产生隔阂，因而管理者和员工之间要建立彼此的信任关系，只有彼此信任，才能有助于达成共识，有助于沟通工作。

沟通是领导者鼓励员工的必由之路。掌握沟通技巧有利于提高工作效率。因此，管理者要善于观察员工的心态和想法以及行动，推出激励制度，从而调动员工工作的热情。任何一位员工都应该被尊重、被关心，而这些就需要领导层多去体会，通过沟通解决问题。长期沟通可以消除彼此之间的误会和矛盾，把问题拿到"桌面上"，这是为了更好地解决与推进工作，同时，消除和处理矛盾与纠纷，有利于良好人际关系的形成。因此，领导者要随时随地做好和员工沟通的工作，引导员工、启发员工多为企业思考，这是领导者应有的沟通技能。

有效沟通的锦囊妙计

　　一切的执行始于沟通。而员工是企业最宝贵的财富。优秀的领导者会懂得"以人为本"，在实际工作中的方方面面，体恤员工，为员工排忧解难，为员工利益着想。只有通过沟通打消员工的疑惑，员工才会全身心地投入工作中，与企业共同开创美好明天。领导和员工沟通得好，员工能高效完成工作，能做到有问题与领导及时沟通，并能快速解决问题，所以说，领导与员工之间只有沟通好，才能合作好。

"一言堂"不可取

在团队工作中，做到最好的沟通就是成员各抒己见，集思广益；与之相反，最糟糕的就是出现"一言堂"的现象，而这种现象的主体对象往往就是团队中的领导。

"一言堂"就是团队里的沟通出现了障碍，领导者的独断专行和不听取任何意见，使团队成员缺乏工作热情，严重时还可能导致忠诚度流失、员工的存在感低、责任意识差、遇事找借口、消极怠工、各自为战、自行其是、工作效率低……这些都是"一言堂"的危害。

所以，一个好团队的成功发展，是整个团队成员共同智慧的结果，也是必须要全员积极相互沟通交流的结果，这样才有可能取得事半功倍的效果。这是团队领导者和团队成员都必须意识到的问题。

作为百度公司的创始人兼董事长，李彦宏之所以能将公司做得风生水起，与其重视沟通，鼓励员工发言的工作作风有着密切的关系。他平时工作的时候总是会鼓励员工畅所欲言，及时为企业发展提出建议。他有一句口头禅，"我说的也不一定是对的"。就是因为这句话，他受到了公司员工们的拥护，同时也受到了公司员工们的"挑战"。

有一次，他在接受记者采访的时候，记者说："当你受到公司员工们的'挑战'时，你的内心是什么样的感受？"

李彦宏坦然地回答说："非常好，而且非常开心！"

记者对此惊讶不已，问："为什么呢？"

李彦宏笑着说："我觉得，能够和公司里面的创始人或者高管坐在一起，以一种平等的姿态探讨问题，可以把自己的意见直截了当说出来，这样的工作氛围很和谐，也只有这样才能最大限度地发挥员工们的积极性和创造性。"

这个案例告诉我们，作为好的团队领导者，应该多多广泛地采纳员工的意见，不要因为员工提出不同意见而觉得失了"面子"，更不能为了"面子"而搞"一言堂"。领导者做到了这一点，不仅提升了自己工作的境界，而且也收获了下属员工的钦佩之心，让其更加努力地为自己的"老板"效力，从而有效地推动团队与公司的进步与发展。

团队中的领导者要及时与下属沟通，才能了解他们的特长，进而为他们安排合适的工作，使他们能够施展才华。团队中的领导者若及时与下属沟通，不仅有助于下属个人能力的提升，而且也有利于团队内部凝聚力的增强。最重要的是，团队中的领导者要经常走到员工身边去，倾听他们的心声，并接受员工的合理化建议，然后使自己的管理模式与员工的工作方法相互适应，使公司的各项工作都能够得到完美解决。

因此，在一个团队里，重视彼此间的沟通与交流是非常重要的。只有当团队的领导者与各成员之间能够保持良好的沟通，拒绝"一言堂"，才能够有效地提升团队的整体实力，做起工作来达到事半功倍的效果。

有效沟通的锦囊妙计

　　一个好团队离不开领导与下属之间的有效沟通。而团队会议就是最直接的方法，也是最好的方法。领导通过开会与各个成员进行简单直接的交流，可以很好地节省时间和精力，拒绝"一言堂"现象的出现。这种集思广益择取其中最完美的工作计划，既提高了团队的工作效率，也拉近了成员与领导之间的关系，使得成员的才能尽其所用，激发了成员积极工作的潜力，提高了成员的工作能力；也使得领导的自身事业得以发展；最终促进了整个团队的发展、进步。所以，要想团队发展更快，就不能搞"一言堂"！

沟通不能做"表面文章"

关于沟通，通俗地来说，就是能够准确地将自己的意思传达给对方。对于一个团队来说，就是管理者将公司的经营思路、策略传达给团队里的每个人，让每个人完成公司的目标，创造价值。所以沟通不能只做"表面文章"，而是需要团队管理者将抽象的目标转化为更具体的、可实践的内容并传达给团队成员，目的是让团队成员更好地完成工作。

不管是向上的沟通，还是向下的沟通，都是为了更好地完成工作，达成目标。现如今，沟通的重要性越来越被人重视。美国著名未来学家约翰·奈斯比特说过："未来的竞争将是管理的竞争，竞争的焦点集中在每个组织内部成员之间及其与外部组织的有效沟通上。"人的沟通能力是非常重要的，那么，如何成长为一个具有沟通能力的管理者呢？

日本"经营之神"——松下幸之助曾说过："过去是沟通，现在是沟通，未来还是沟通。"他对沟通非常重视，特别是与下属管理人员和普通员工的沟通。他经常倾听大家的意见，可不是为了表现亲民而做的表面功夫，而是真正地解决问题。在制定决策的时候，松下幸之助经常询问下属的管理者，问他们对事情的看法和考量，如果要做，该如何做。很多管理者开始的时候只是以为董事长随便问问，没想到董事长不仅倾听，还拿笔记录，所以都认真地回答董事长的问题。松下幸之助不仅听取管理人员的意见，还经常去工厂里考察，听取工人的意见和牢骚，并给予及时解决。即使遇到员工的抱怨和无用的建议，松下董事长也认真对待，他认为不管是谁说的，即使是抱怨，也还是有一两句是正确可取的。

松下幸之助是沟通的高手，他运用的倾听正是最好的沟通。如果沟通的过程中，只有表达，而不去认真地倾听，那么沟通就不是完整的，只能流于表面。现在很多公司都是高层有话语权，不太倾听普通员工的倾诉，结果也无法及时获得更多的信息。

那么，倾听还有什么好处呢？

1. 能够全面地了解沟通对象

当我们积极倾听客户、上司和同事的表达时，能够从对方的言谈举止中推断对方的思维方式、性格特征和工作经验，然后在工作中做到"知己知彼，百战不殆"。积极的倾听能够收集到许多信息，让管理者在忙工作的时候更有方向性、针对性，不仅减少了"无用功"，还能让接下来的沟通切中要点，而不是只在事物表面徘徊，从而推动工作的进程。

2. 积极倾听显示个人素养

上司倾听下属说话，会让下属感到受重视，有利于促进工作的开展。同时，这也是显示上司个人修养的一种表现。普通员工之间互相倾听，关系会更和谐，工作之间会相互配合得更好，工作效率更高。而对待客户积极倾听，能够获得更高的业绩。

吴宏刚当上销售部经理的时候，就因为一次没有积极倾听，差点失去一个重要的客户。吴宏开始在跟客户谈的时候非常顺利，双方很快达成一致，差不多要签合同的时候，客户突然反悔。吴宏无论说什么，客户都不同意。两人分开之后，吴宏想不出中间环节到底出了什么问题，他就把两人见面的咖啡厅的录像借来看。看到后面，吴宏与客户达成一致，吴宏明显松了一口气，也放松了下来。客户聊到了自己的家庭，特别是孩子学习很好，考上了名牌大学，是父母的骄傲。吴宏这时候发现，自己在客户对面有些心不在焉，客户感觉到了吴宏没有认真倾听，脸上明显不悦。吴宏找到问题之后，买了礼品上门到客户家赔罪，终于挽回了客户。从此之后，吴宏再也不敢在客户面前心不在焉，而是积极认真地倾听。

3. 可以避免暴露自身的缺点

积极倾听能够让我们先知道别人的观念和想法，让我们对工作有初步的判断，能学习更多的知识，以弥补自己的不足，特别是在自己不擅长的领域，积极倾听，可以有效地积累相关知识。当获得足够多的信息之后，能提取有用的信息，舍弃一些套话、官话、不成熟的言论，让沟通的效果更显著。

此外，在团队中，管理者一定要认识到有效的能够解决问题的沟通方式能够带来的益处。比如有效的沟通能够鼓舞员工的士气，有效的沟通能凝聚员工的向心力，让员工之间建立和谐的人际关系，从而能够提高管理效率和工作效率。

现今，有些管理者为了树立权威，轻视跟员工的沟通。员工认为管理者不重视自己，自然紧闭心扉，跟上司疏远；有些管理者，有先入为主的观念，认为自己比员工有经验，自己的方案和思路比员工的好，而忽略员工提出的意见和建议等。即使员工有再好的策划案也没法顺利提出来。还有一些领导者喜欢听阿谀奉承的话，也无法与员工有真正的沟通；这些自以为是的管理者实际上是让自己的工作处于巨大的风险之中，如果下属都只是流于表面地跟其沟通，那么管理者就会处于一种听不到任何其他声音的状态了。

所以，对沟通对象一定要平等尊重，每个人对问题的看法都不同，虽然有上下级之分，受教育程度不同、思考方式不同，但是人格没有高低贵贱，每个人的声音都值得听一听。就是因为大家的想法和意见都存在着差异，才能启发管理者的思考，做出最有利、最有实践性的决策。

此外，为了让沟通不流于表面，还要深挖沟通的内涵。有效地提问也是促进沟通更深入的动力。认真倾听之后肯定会有很多疑惑需要解答，管理者和员工都要学会提问，这样才能打破沟通的限制，提出最优解决问题的方法和方案。在提问中，能够了解到一些沟通内容之外的信息和思考，让参与沟通的管理者和员工更能充分地表达自己的看法和建议，让双方的工作完成得更加出色。

有效的提问，能够让我们穿透事物的表面看到事物的本质，进而提出解决问题的办法，使工作做得越来越好。有效的提问，还能够赐予我们解决问题的能力。

1. 有效提问促进了管理者的思考

一般来说，有效提问能促进管理者的思考。因为在问题产生之后，管理者会调动起思考的力量，让思维变得活跃起来。沟通是一个复杂的、一直发生变化的过程，而思考的活跃度能促进沟通中相互碰撞的火花。

2. 有效提问能够获取更有价值的信息

现在获取信息的渠道很多，每天信息量非常巨大。有效的提问能够筛选出更有质量的、对公司发展更有利的信息，让公司做出正确的决策。

3. 有效提问可掌控沟通过程获得想要的结果

有效的提问也是有逻辑性的，要让问题问得有水平，就要层层推进，让沟通双方的思维维持到同一个水平，让沟通更深入。

4. 有效提问能够增加双方沟通的信心

提问一方面能够获取信息，还能听到别人的看法，跟自己的看法做对比。

每次沟通时最好设立沟通目标，目标须清晰明了，然后围绕沟通目标来考虑如何归纳自己的想法，准确无误地传达给对方。在管理界有著名的5W2H法。

When 期限、时间

Who 商议对象

Where 公司名、部门

What 问题点、商品名

Why 原因

How 对策、解决方法

How much 金额、数量

掌握了上述这些核心要素，就能进行有效沟通了。

在团队中，上司和下属之间沟通，同事之间沟通，不仅能够更好地做好工作，也是关心他人、共同进步、塑造企业文化的一种表达方式。如果说企业的办公楼、生产设施是企业有形的价值资产，那么沟通就是一种无形的价值资产。人与人之间的沟通，是人心的深层需求，也是企业的深层需求。

 有效沟通的锦囊妙计

　　管理者和员工之间积极有效的沟通，可实现企业的成功目标，实现管理者和员工的人生价值。

及时消除员工负能量

想要消除员工的负能量，首先领导要先处理好自己的负能量。在工作中，不管是员工也好，领导也好，都有工作难做、压力大的时候，抱怨是人之常情。对于领导来说，下属不能理解领导的辛苦和不容易，如果向员工诉苦，员工通常是无法感同身受的，反而会产生"领导的能力有问题，这个团队是不是快要解散了"等消极看法。这样的话，团队成员是无法好好工作的。所以，无论处境多么艰难，只要想让团队更好地发展下去，领导最好不要将不利的事情告诉员工，而应自己承担一切，做领导是需要强大的内心的。

最近，哈利公司的员工士气低迷到了极点，负能量"爆棚"。究其原因，是一些员工听说公司要解雇一位工作三十多年的元老级员工，而这个人在员工的心中很有威信，几乎是他们的"灵魂人物"。可只有哈利他们几个高层知道，这个"元老级"员工在近十年的时间里，没有好好地完成过工作。

但为了消除整体员工的负能量，不给员工们留下"公司卸磨杀驴"的不良印象，哈利决定为这位"元老级"员工举行一次送别会。在此之前，哈利和这位老员工进行了一次深入谈话，觉得以"退休"名义向外宣布较适宜。

送别会举办得很是盛大，会上，哈利感谢了这位老员工对公司的付出，肯定了他过往的贡献，并且当场赠予了很丰厚的一笔退休金，承诺欢迎他随时回来，让他的"被辞退"显得很体面。

其他员工看到公司对待老员工的态度，负能量慢慢消散了。

面对负能量的"袭击"，领导者必须要保持冷静，学会积极的思考。

接下来，我们了解一下员工有哪些负能量，了解了之后，领导者也好"对症下药"。

1. 团队成员抱怨工作压力大

现在的工作，大家压力都大，所以每个人都需要排解压力，抱怨是排解压力的方式之一。大部人会通过向亲人朋友诉说抱怨的方式来解压，发泄完了之后，第二天又充满活力地工作去了。而有的人则会在工作的时候抱怨，这个时候，本来安心工作、不想抱怨的人会受到负面情绪的影响而消极怠工。所以，千万不要忽略一个爱抱怨的员工对整个团队的影响，因为负面情绪传播广，辐射大。

而对于爱抱怨的员工，为了稳定军心，最便捷的方法就是请他走人。

2. 团队员工对公司和个人的未来怀有消极看法

公司的发展不是短距离的"赛跑"，而是看不到尽头的"马拉松"。不管团队在刚成立的时候是多么踌躇满志，目标多么清晰，但随着时间的流逝，员工可能会对正在做的工作倦怠起来。特别是在不顺利的时候，有的员工对公司前景缺乏信心，同时也对自己的前途充满怀疑。这种消极的心理状态可能会使得团队陷入迷途，表面上大家在工作，实际上是在浪费时间，使团队停滞不前。

对于这种缺乏信心、容易迷失目标的员工来说，最好经常提醒他们团队工作的目标是什么，初心是什么，对工作和自己的人生都要重新思考。如果他们还是瞻前顾后，行动消极，影响别人，那么领导有责任请他们走人。

3. 不能踏实工作

做事浮躁的员工，会影响到团队的工作质量，还会影响到团队的工作进程，甚至可能让其他团队成员承担额外的工作量，对其他成员也不公平。此外，不能安心工作的人会破坏团队之间的协作。

在团队中，最重要的事情就是工作，完成目标。领导需要经常与员工沟通，积极鼓励全体成员全身心投入到工作中，才能向目标一步步迈进。领导要将注意力放在如何取得团队成功上，因此要与团队成员做好沟通工作，一起克服消极情绪。

消除员工的负面能量并不是一件容易的事，需要找对方法。比如开早会，每天早上拿出5分钟、10分钟，整理一下昨天的工作成绩，对做得好的人给予口头表扬，给予没达到目标的人一些鼓励。同时分派下去当天的工作任务，最好做到很具体。而当员工向领导寻求帮助和支持的时候，领导应该先耐心倾听下属建议，要让下属感受到重视和认可。

夸奖员工也能及时消除员工的负能量，针对不同的员工，领导要用不同的夸奖方式。一般来说，资历久的员工对其他的团队成员有一定的影响力，所以领导一定要取得他们的认同。首先要找出老员工的优点，比如老员工人缘好，领导可以谦虚地请教对方"怎么才能像您一样备受大家喜爱呢？"如果单单地夸奖他受大家喜欢这个事实，一句简单的"谢谢"就带过去了。但是"怎么才能像您一样备受大家喜爱呢？"这种询问的方式，对方一听心情大好，建议可能就脱口而出。针对新员工，要夸奖他们擅长的事情，比如新员工PPT做得好，领导就要加以表扬。如果有其他人想要学习，领导最好推荐给新员工，给他"贴上"一个擅长制作PPT的标签，一方面满足了新员工寻求认可的需求，提高了积极性；另一方面精进了其擅长的领域，成为团队中的一个"名牌"。还有就是采取背后夸奖的方式，背后夸奖人甚至比当面夸人更让人开心。

领导必须学会尊重下属，领导和下属的关系是平等的，并无高低贵贱之分，只是职能不同。

员工的负能量如果一直累积，不及时疏导、清除的话，那么就会像"定时炸弹"，不定时地影响团队的工作进程。同时，也会造成其他员工的离职，人才的流失，给公司和团队造成重大损失。所以，领导一定要重视员工的负能量，及时地与之沟通，了解问题的所在，并做出行动加以消除。

有效沟通的锦囊妙计

要想消除员工的负能量，作为领导一定要及时与员工沟通，了解员工的实时状态，知道他们负能量产生的原因。当员工产生负能量时，不要斥责，而要心态平和地加以引导，这样才能够更好地达到帮助员工的目标。

主动沟通更容易消除误解

沟通就是领导力，沟通的效果就是展现领导力的时刻。只有真诚有效的沟通，才能激发员工潜能，增强员工之间的凝聚力，提高团队的作战能力。而传统的管理则忽视了沟通的力量，导致领导和员工之间出现裂痕，关系紧张，领导不满意员工的工作态度，甚至轻视员工；员工也对领导的言行充满质疑。在团队中，由于沟通不到位，导致工作出现的失误现象，比比皆是。长此以往，给公司的正常经营管理造成严重损害，对个人的发展也没有什么好处，对领导和员工来说结果是双输的。所以主动真诚的沟通，不仅能够消除误解，还能够改善领导和员工的关系，让领导和员工都能取得更多的业绩，获得事业成功。

杨经理10年前进入公司，当时竞争非常激烈，进入公司后，杨经理工作非常努力，但是因为没有找到要领，努力工作并没有换来好的成绩，还经常被领导斥责。杨经理虽然很不好受，但还是硬挺了过来，工作渐渐地越做越好，终于当上了公司的领导者。后来，杨经理也像他曾经的领导一样喜欢批评员工，喜欢让员工之间相互比较，结果团队的离职率很高。杨经理的上级不得不找他谈话，如果团队再有人辞职，就让杨经理辞职。杨经理开始的时候十分不解，在找了一些管理类的图书，参加了一些管理讲座后，他认识到了自己思想的"问题"。

杨经理发现，自己让员工相互比较的初衷是想激发员工的干劲，结果适得其反，导致相互比较的员工人际关系变差，整个团队的工作也受到影响。相互比较只会让员工产生愤怒、羞耻、自卑感，对其成长毫无帮助。如果要比较，正确的方式是拿员工的过去跟现在比，找出其成长的部分并给予表扬。

几个星期后，杨经理主动召开了一次部门会议，检讨了自己以往的行径，也告知员工自己的初衷。在杨经理的主动沟通下，员工们对他的误解慢慢消除了，而杨经理也改变了之前的沟通方式。逐渐地，团队稳定了下来，大家合作得越来越愉快。

沟通是什么，"沟通是人与人之间、人与群体之间思想与感情的传递和反馈的过程，以求思想达成一致和感情的通畅。"在团队里，每一个人生活背景、文化背景、受教育背景都各不相同，只有沟通才能让大家同心协力，为共同的目标而奋斗。领导就是能够运用沟通力让大家团结一致地共同奋斗的人。

沟通有三个要素。第一，沟通目的。有一些领导在跟员工沟通的时候，说目的喜欢绕圈子，让员工来猜测领导的目的，这样不仅让员工反感，也会导致沟通的失败。

第二，沟通对象。领导跟什么样的员工沟通，采用沟通方式要不同。

第三，沟通信息。指在沟通中传达给对方的信息。在沟通前，一定要积累足够的信息。比如遇到事的话，一定要思考弄清事的始末。信息的多少关系到沟通是否有效，信息的正确与否也很重要，错误的信息会导致沟通失败。

对领导来说，既要及时主动地沟通，也要会沟通，沟通是要逐步训练、深入学习的，这样才能真正地提高沟通能力。

1. 好的沟通需要树立清晰的目标

我们经常会听到有人说"鸡同鸭讲""对牛弹琴"等话，说的就是沟通不了。反过来也可以说要沟通的人没有弄清楚对方需要什么。对于领导来说，他肯定知道团队的目标，他所做的一切都是为了团队。但是沟通不畅会导致无效沟通。所以，领导要主动帮助员工树立清晰的目标。如果员工在工作中遭到误解，领导主动沟通的目标就是消除误解，安抚员工的情绪。

2. 好的沟通，能够调动员工的积极性

很多员工在工作中会遇到困难，即使已经非常努力了，但却可能仍旧达不到想要的业绩。针对业绩差的员工，有的领导批评警告，导致员工情绪低落，工作业绩更差，陷入恶性循环之中。业绩差肯定有其原因，如果不能找到并加以克服，问题是无法从根本上得到解决的。这个时候，领导需要跟员工沟通，帮助员工梳理问题的来龙去脉。如果员工不适合手头的工作，领导还可以给他分配其他适合他做的工作，这样员工的发展也有更多的选择性。

3. 好的沟通能够让员工恢复能量

工作中被人误解是让人很不开心的事情，这会直接影响员工的工作效率以及同事之间的关系。这种时候，领导千万不要以为员工过一段时间就会好起来，而是应该主动与其沟通。通过沟通，让员工卸下心理负担，轻松上阵。

有的领导不擅长主动沟通，而是希望员工发生事情之后去找

他。如果领导不愿意主动沟通的话，那么员工又有几个愿意主动去找领导的呢？当工作发生重大失误的时候，再沟通恐怕已经为时已晚了。领导主动找员工沟通，既能让员工感到亲切，也能从工作上认同领导，更会让员工渐渐从内心里佩服领导。这样一来，领导的目的也就更容易达成了。

如果要达到领导和员工平等的沟通，就要遵循一些能够促进沟通的原则。第一，沟通形式的多样性。我们常见的沟通方式有书面报告、口头指令、命令等。这些沟通方式非常传统，效率低、严肃并且枯燥乏味，给人的感觉就是套话官话。领导一定要摒弃这种沟通方式，而采用更人性化的，更为员工思考的方式。比如创造易于交流的氛围，不拘泥于形式，让员工更愿意听领导说话。第二，沟通双方地位平等，相互尊重。作为领导，尊重所有员工的人格，对待下属要做到平等沟通，要注意态度和语言，否则不仅无法消除误解，还会让矛盾加深，使后续的沟通变得更加困难。第三，由领导的主动转变为双方的主动。沟通时，双方立场不同，领导站在团队的角度，为了团队的成功，督促员工努力工作，而员工则可能因为工作量太大，压力大。这种时候，领导要听取员工的意见，适当地给员工减负，追求更高的工作质量，而不是数量。

领导者只要遵循基本的沟通规则，员工就能感受到他的诚意，化解掉消极的情绪，让双方的沟通更加畅通和有效。领导者切记一定不要图省事，用权力去命令下属，这样不仅会降低员工的工作积极性，在遇到困难时，员工也会与自己离心离德。

那么，如何才能训练出强大的主动沟通能力呢？

（1）训练出敏锐的洞察力，不断调整沟通的方式和方向

沟通是双方的事情，在沟通过程中，对方的脸色、表情变化、语气、肢体等语言都能体现对方当时的心情和想法。领导在沟通过程中要注意这些小细节，掌握沟通对象的情绪、内心变化和情感等，及时调整说话的方式。敏锐的洞察力不是一朝一夕能够习得的，我们可以通过有效的方法来锻炼，以便逐渐地提升自己的洞察力。

（2）有一颗包容的心，不要设定结果

现在很多的沟通都是"套路"，就是主动沟通的人希望被沟通对象能够按照自己的要求行动，但这样却会让被沟通对象感到对方不真诚。领导千万不要只考虑自己的需求，而忽略和无视员工的需求，这样误解只会加深。领导在和员工沟通的时候，即使不能如自己所愿，也要积极考虑员工的需求，竭尽所能地提升员工的工作积极性。

（3）真诚的态度非常重要

领导在沟通时把真诚态度传达给员工，会影响员工积极情绪和心态，让员工更容易说出心里话，即使存在误解，也会在畅所欲言的氛围中烟消云散。

有效沟通的锦囊妙计

沟通不仅停留在语言上，还是双方思维方式和理念上的碰撞。沟通能够让我们了解到沟通对象的价值观、世界观和人生观。在沟通的时候，如果领导试着去找寻员工的深层需求，就会较容易地消除误解，利于之后管理工作的开展。